思いは「カタチ」にできる。

心理カウンセラー
植西 聰

水王舎

はじめに

自分の願いがかない、思いをカタチにできる人生。

そんな人生って、素晴らしいと思いませんか？

誰だって、「こうなりたい」と願ったことが、現実になることを望んでいることでしょう。

しかし、実際には、すべての人が願いをかなえられるわけではありません。

世の中には、すいすいと思い通りに生きている人もいれば、望まないことばかり起こって、常に悩みを抱えながら暮らしている人もいます。

「そんなのは不公平だ」と思う人がいるかもしれません。

しかし、そうではないのです。

なぜなら、**願いがかない、思いをカタチにできる人生というのは、その人が持って生まれた運で決まるのではなく、その人の心の状態が決めている**ものだからです。

私は、これまでに多くの人たちの相談に乗ってきました。

そして、気づいたことがあります。

それは、思いをカタチにできる人と、いつまでたっても苦しい日常から抜け出せない人との間には、ハッキリとした違いがあるということです。

願いがかなう人にはかなう理由が、かなわない人にはかなわない理由が、ちゃんと存在するのです。

理由が存在するのですから、問題がある人は、それを改善すれば、思いをカタチにできる人になれるということです。

では、どうすれば、思いがカタチになるハッピーな人生を送れるのでしょう。

その方法を、本書では具体的に紹介します。

とてもシンプルで、誰にでもすぐ始められることです。

人生は必ず、自分の思い通りにつくっていくことができます。

本書をきっかけに、「やった！　願ったことが現実になった」と笑顔になる人がひとりでも増えれば嬉しく思います。

植西　聰

思いは「カタチ」にできる。目次

はじめに……2

第1章 心の仕組みを知る

01 思いをカタチにできる人の特徴とは？……14
02 プラスの感情がたくさんあると、いい現象が起こる……16
03 心の状態はいくらでも変えられる……18
04 起きていることは、すべて自分が引き寄せている……20
05 誰でも「引き寄せの法則」を使うことができる……22
06 自分が望む思いをカタチにできない理由……24
07 まずは「悪いことを引き寄せている」と自覚する……26
08 小さな願いを引き寄せる練習をする……28

09 「きっと、思いをカタチにすることができる」と信じる……30
10 マイナスの感情を減らす工夫をする……32

第2章 マイナスの感情をプラスに変える

11 どんなことからもプラスの面を探す……36
12 苦しいときこそ、プラスの発想を心がける……38
13 不安な気持ちは早めに打ち消す……40
14 失敗は「うまくいかない原因」を教えてくれるもの……42
15 ピンチの中にはチャンスが隠れている……44
16 苦手なことは「勉強になる」と考えて、取り組む……46
17 悩み事は幸せになるキッカケ……48
18 何かを失うから、代わりに得られるものがある……50
19 思い通りにならなくていいこともある……52
20 小さなトラブルを経験することで、大きなトラブルが防げる……54

21「悪いことは長くは続かない」と考える……56
22 意地悪な人がいるから、人の優しさのありがたみがわかる……58
23 いい行いをしていれば、最後はハッピーな結末になる……60

第3章 夢をかなえるコツを知る

24「こうなったらいいな」と思うことが夢になる……64
25 かなえやすい夢を見つけるためのヒント……66
26 夢のイメージを写真やイラストを使って表す……68
27 具体的な目標を持つ……70
28 心がワクワクする目標の立て方……72
29 夢がかなったときのメリットを思い出す……74
30 夢をかなえるためには、必要な順番がある……76
31 本気でかなえたい夢にしぼる……78
32 チャンスがやって来たら、迷わずつかみ取る……80

33 ひとつ夢がかなったら、すぐ次の夢に向かう……82

第4章 自分をもっと好きになる

34 ゆっくりと自己肯定感を高める……86
35 自分で自分をほめる習慣をつける……88
36 過去の悲しみを癒す……90
37 自分の長所を自覚する……92
38 コンプレックスをプラスにとらえる……94
39 「セルフイメージ」を書き換える……96
40 自分と他人を比べず、参考にする……98
41 他人の犠牲になるのをやめる……100
42 やりたくないことは、無理してやらなくていい……102
43 自分のことは自分で決める……104

第5章　言葉を変えると心も変わる

44 意識してプラスの言葉を使う……108
45 グチや不満は、なるべく口に出さない……110
46 他人の悪口やウワサ話をすると自分の評価が下がる……112
47 マイナスの言葉を発したら、すぐに取り消す……114
48 マイナスの言葉を使う場面でも、プラスの表現に置き換える……116
49 余計なことをいわないように気をつける……118
50 自慢話をしないようにする……120
51 いいたいことは穏やかに伝える……122
52 丁寧な話し方を身につける……124
53 「ありがとう」の言葉を積極的に口にする……126

第6章　運が良くなるライフスタイルを送る

54 生活リズムを見直してみる……130

55 頑張るよりも、リラックスすることを優先する……132
56 調子が悪いときは、ゆっくり休む……134
57 毎日の生活に「気持ちいいこと」を取り入れる……136
58「身体に良いことをする」習慣を身につける……138
59 趣味に打ち込む時間をつくる……140
60 思いを実現させるための貯金をする……142
61 本を読む……144
62 情報をシャットアウトする時間をつくる……146

第7章 行動すると迷いがなくなる

63 自ら行動を起こさなければ、思いはカタチにできない……150
64 どんなことでも、とりあえず試してみる……152
65 直感を頼りに動いてみる……154
66 フットワークを軽くする……156

67 いったことは、なるべく実行する……158
68 ひとりでも、勇気を出して行動する……160
69 やる気が出ないときは、「締め切り」を決める……162
70 すぐにできることを先延ばししない……164
71 自分に必要なことをコツコツ続ける……166
72 途中で、方向転換することを恐れない……168
73 憧れの人の行動パターンを真似てみる……170
74 「進歩したこと」に注目する……172

第8章 ストレスのない人間関係を築く

75 「宇宙銀行」に徳を積む……176
76 できる範囲で、人に親切をする……178
77 頼まれたことはなるべく引き受ける……180
78 相手の話をしっかり聞いてあげる……182

79 いつでも相手の味方でいてあげる……184
80 人の幸せを一緒に喜ぶ……186
81 相手のしてほしいことを察する……188
82 人が面倒くさがることを率先して行う……190
83 苦手な人にも愛情を示す……192
84 さまざまなタイプの人と交流する……194

第9章 魅力的な自分に変身する

85「自分が恵まれていること」に気づく……198
86 年齢にとらわれない……200
87 自分の持っている能力を最大限活用する……202
88 自分の個性を分析する……204
89 必要なときは、人に頼る……206
90 成功することに執着し過ぎない……208

91 思いをカタチにできたら、恩返しをする……210
92 他人の評価をいちいち気にしない……212
93 思いをカタチにできたときこそ、謙虚になる……214
94 人と違うことを恐れない……216
95 今の自分に心から満足する……218

第1章

心の仕組みを知る

01 思いをカタチにできる人の特徴とは？

周りの環境は、
心の状態によって変わる。
——空海　平安時代の僧

世の中には、自分が望んでいる思いをそのままカタチにできる人が存在します。

一緒にいるだけでなぜか元気の出る人や、どんなときも笑顔で楽しそうに見える人、誰に対しても親切で、周りの人から好かれている人は、この傾向が強いようです。

こういう人が、たとえば「趣味の合う友達がほしいな」と願ったとしましょう。

すると、友達に紹介してもらった人が似たような趣味を持っている人だったり、たまたま出かけた先で話した人が気の合うタイプだったりして、トントン拍子で自分が探していたような友達ができるのです。

「そんな簡単に望み通りになるはずがない」と思う人もいるかもしれませんが、実際に自分の思いをいくつもカタチにしてきている人は、ほぼ間違いなく同じような体験をしています。

逆に、何をやってもうまくいかず、「なかなか思い通りにならないな」と悩み続けている人もいます。

自分は悪いことをしていないのに、人間関係のトラブルに巻き込まれてしまう人。

それなりに能力があるのに、自分の仕事ぶりをなかなか認めてもらえない人。

決して異性にモテないわけではないのに、恋愛運に恵まれない人。

こういう人は、「人間関係を良くしたい」「もっといい仕事をしたい」「幸せな恋愛をしたい」という思いがありながら、それをカタチにできません。

いったい、自分が望んでいる思いをカタチにできる人と、そうでない人との差はどこにあるのでしょうか。

パッと見ただけでは、わかりません。

しかし、**両者にははれっきとした違いがあります。それは、心の中に存在する「プラスの感情」です。**

つまり、**思いをカタチにするには、心の状態が大切になる**のです。

02 プラスの感情がたくさんあると、いい現象が起こる

自分ができると思ったことはできるし、
できないと思ったことはできない。
――ヘンリー・フォード　企業家

自分が望む思いをカタチにできる人と、そうでない人を分ける最大のポイントは、心の状態にあります。

簡単に説明すると、心の中にプラスの感情がたくさんあると、その感情が磁石のようにいい出来事(自分の望んでいること)を引き寄せるため、願いがかないやすくなります。

反対に、心の中にマイナスの感情がたくさんあると、悪い出来事を引き寄せてしまうため、いつまでも願いがかなわないのです。

では、**プラスの感情とは何かというと、ひと言でいえば「明るい気持ち」**です。

「今日は朝からさわやかな天気だなあ。こんな日は何かいいことがありそう」

「上司から新しい仕事を任された。『頼りにしているよ』といわれて、嬉しかった」

こんなふうに考えると、自然と心が明るくなってくるはずです。

それは、心の中に「いいことがありそう」「嬉しい」という明るい気持ち、つまりプラスの感情が増えたからです。ちなみに、「楽しい」「ありがとう」「幸せ」「キレイ」「ラッキー」というような感情もプラスの感情の仲間です。

プラスの感情が増えると、いいことに恵まれたり、自分の望みに近づくようなことが頻繁に起きたりして、自分の思いをカタチにできる可能性がグンと高まります。

米国の牧師であり、潜在意識を活用することによる数々の「成功の法則」の著述を残した、ジョセフ・マーフィー博士は次のようにいっています。

「いいことを思えばいいことが起きます。悪いことを思えば悪いことが起きます」

つまり、**自分の心の状態次第で、いいことも悪いことも起こる**ということです。

思いをカタチにするためには、心の状態をポジティブにすることが基本なのです。

03
心の状態はいくらでも変えられる

心は、天国をつくり出すことも、
地獄をつくり出すこともできる。
——ジョン・ミルトン　詩人

思いをカタチにすることと、心の状態に深い関係があることはすでに述べました。

しかし、心の状態がマイナスになっている人の中には、

「自分にはイヤなことばかり起こるから、マイナスの感情がどうしても増えてしまう。

こんな状態でプラスの感情なんて持てない」

「自分は顔もスタイルも性格も平凡で、学歴や能力もない。そんな人間が夢を見たって、かなうはずがない」

と考える人がいるようです。

確かに、長い間、心の状態がマイナスだった人が、いきなりプラスの感情を増やそうとしても簡単にはいきません。

なぜなら、心の状態がマイナスであることが当たり前になっていると、考え方も行動もすべてにおいてマイナスに染まってしまうからです。

そんな状態では「心の状態をプラスにしていこう」という気分には到底なれないでしょう。

しかし、**心の状態というのは、顔やスタイル、学歴などと違って、ちょっとした努力で変えることができる**のです。

たとえば、イヤなことがあったときでも、多少強引に「今日はたまたまツイてなかった。今は大変だけど、いつか自分も望み通りの思いをカタチにできるはず」とプラスの方向に考えることは、誰だってやればできるはずです。

よくテレビで有名人が「幼い頃は不幸だったけど、大人になるにつれて思い通りの人生が歩めるようになった」と話していますが、そういう人は不幸なときでも、心をマイナスに傾けず、プラスに考えて生きてきたのでしょう。

すべての物事は、受け止める人間の考え方ひとつで、プラスにもマイナスにもなります。今がどんなに苦しくても、思いをカタチにするのをあきらめたくないなら、日頃から心の状態をプラスにするように心がけましょう。

04
起きていることは、すべて自分が引き寄せている

まさに人間は、
自分が考えた通りの結果を手にするのである。
——ウィリアム・ジェームズ　哲学者

「どうして自分は望んでいる思いをカタチにすることができないのだろう……」と疑問を抱いている人に質問です。

「本当に、心から自分の望んでいる思いをカタチにしたいのでしょうか？」

「普段から、『自分の思いをカタチにしたい』と思いながら生活していますか？」

なぜこんなことを聞くかというと、思いをカタチにできないという人の多くは、心の奥底で、「自分の望みなんてかないっこない。無理に決まっている」「なかなか自分の思い通りにならないけど、人生ってそんなもの」というようなあきらめの気持ちを抱いていることが多いからです。

人生は、その人の考える通りになります。

ですから、「思いをカタチにするのは無理」「思い通りにはならない」と少しでも思っている人の人生は、残念ながらその通りになります。

マイナスのことを考えれば、マイナスの思いが心の中を満たしていきます。すると、心の状態がマイナスに傾き、心の状態に見合ったマイナスの出来事を引き寄せます。

この現象を**「引き寄せの法則」**といいます。

私たちは、つらいことや悲しいことがあると、「運が悪かった」、「なぜ自分だけこんな目に遭わないといけないの」などと思いがちです。

しかし、**マイナスの出来事を引き寄せているのは、他でもない自分自身**なのです。

「そんな迷信みたいなこと、信じられない」と思うかもしれませんが、「引き寄せの法則」は、はるか昔から存在している真理です。

自分の思いをカタチにできる人は、そうなるような考え方をして、毎日を生きています。思いをカタチにできない人も、同じことがいえます。

「引き寄せのことがよくわからない」という人もいるかもしれませんが、まずは「引き寄せの法則」の存在を知ることから始めましょう。

05 誰でも「引き寄せの法則」を使うことができる

この世に起こることはすべて必然で必要、
そしてベストのタイミングで起こる。
——松下幸之助　実業家

「引き寄せの力」はすべての人に備わっていて、誰でもその力を使うことができます。

ただ、世の中に「引き寄せの法則」を教えてくれる人がほとんどいないいため、たいていの人が自分の中にある引き寄せの力の存在に気づいていません。

また、存在には気づいていても、仕組みがよくわからず、間違った使い方をしている人もいます。

そのため、なかなか思い通りの現象を引き寄せることができず、「どうして願いがかなわないんだろう……」と思い悩んでいる人がたくさんいるのです。

でも実際は、**どんな人でもその気になれば、引き寄せの力を味方につけることが可能です。**

まず知ってほしいのは、**私たちは日常生活で、自分が意識していなくても、引き寄せの力を使いながら生きている**ということです。

たとえば、「友達の○○ちゃんに電話しなくては」と思っていたら、その相手から「食事に行かない？」というメールが届いた、といった経験はありませんか。

また、「美味しいパンが食べたいな」と思っていたら、職場の同僚が「みなさんにお土産です」といって、パンを分けてくれたというような体験をしたことはありませんか。

答えはきっと「イエス」だと思います。

それらの現象は、自分の心の中にある引き寄せの力が、しっかりと働いている証拠です。

「そんなこと、たいしたことではない」なんて思わないでください。どんなに小さなことでも、事実は事実です。

今まで「単なる偶然」「運が良かっただけ」と思っていたことも、実際は自分自身が引き寄せていた結果なのです。

06
自分が望む思いをカタチにできない理由

滅びる原因は、自らの内にある。
――徳川家康　江戸幕府初代将軍

「引き寄せの力」はいいことだけでなく、悪いことも引き寄せます。どんなことであろうと、心の奥底で強く思っていることは、自分で引き寄せようとしなくても勝手に現実になってしまうのです。

これまでの人生で、望み通りの思いをカタチにできていない人というのは、**「こうなったらいいな」と望んでいる一方で、それ以上にその思いを打ち消す感情が心の奥底に強く刻み込まれている**のです。

たとえば、「30歳までに結婚したい」という願望を持っている女性がいたとします。こういう人は、表面的には「素敵なパートナーと早く巡り会いたいな」と思っているのですが、いざ異性と出会う機会に恵まれると、

「これまでふられてばかりだったから、また失恋してしまうかもしれない」
「以前おつき合いした人みたいに、合わないタイプだったらイヤだな」
「恋愛して深く傷つくよりも、ひとりでのんびり過ごしているほうがラクな気がする」

などと考え、恋愛することに二の足を踏んでしまいます。

その結果、いつも「結婚に結びつくような恋愛がなかなかできない」と悩んでいるのです。

この場合、心の奥底にあるのは、「また失恋するかもしれない」「合わない異性はイヤ」「傷つくよりもひとりがラク」という、願望を打ち消す強い感情です。

これらのマイナスの思いが、「結婚したい」「恋人と巡り会いたい」という望みよりもずっと大きいため、「恋愛ができない」現実を引き寄せてしまっているのです。

彼女が望むような恋愛をするためには、「今度こそ、きっと優しい人に出会えるはず」「今はひとりだけど、私でもステキな恋愛はできる」などというように、プラスの感情を膨らませていくことが大切なのです。

07 まずは「悪いことを引き寄せている」と自覚する

習慣を自由になし得る者は、
人生において多くのことを為し得る。
——三木 清　哲学者

これまで、自分の思いをカタチにできた経験が少ない人は、「プラスに考えようとしても、無意識にマイナスのことを考えてしまう」という人が多いようです。

そういう人は、どんなにステキな思いを持っていたとしても、なかなか望み通りの現実を引き寄せることができません。

たとえ一瞬「自分でもいいことを引き寄せられるのでは」と思ったとしても、それ以外のときはずっと悪いことを考えているので、心の中にあるプラスの思いが打ち消されてしまうのです。

別の言い方をすれば、**悪いことを引き寄せることが習慣になっている**のです。

私たちには、毎日の生活の中で自然と身についている習慣があります。「朝起きたら歯を磨く」「外出する前は化粧をする」といった習慣と同じように、それぞれの人には考え方や行動の習慣があります。

悪いことを引き寄せてしまう人の多くは、たとえば「不安なことばかり考えてしまう」「ちょっとイヤなことがあるとすぐ落ち込んでしまう」といった習慣を持っている可能性が高いといえます。

しかし、当の本人は「生まれつきこんな性格だから直らない」と開き直っていたり、「私の人生は基本的に不幸だから、しょうがない」とあきらめていたりするので、その習慣が悪いことを引き寄せているとは、なかなか気づくことができません。

その結果、悪い習慣を放置して、望まないものばかりを引き寄せてしまうのです。

しかし、それではせっかくの引き寄せの力をムダにしていることになります。

引き寄せの力を上手に活用したいのなら、まず、「自分には悪いことを引き寄せる習慣が身についているな」とはっきり自覚することが大切です。

それに気づくと、「悪い習慣を見直したほうがいい」と前向きに考えられるようになり、心の状態が良くなります。

08
小さな願いを引き寄せる練習をする

「こうであったらいいな」ということがあったら、
そうなったつもりになってごらんなさい。
——ジョセフ・マーフィー　著述家

悪いことを引き寄せる習慣は、見直したほうがいいに決まっています。

とはいえ、長い時間をかけて心の中に染みついた習慣を変えるのは、そうたやすいことではありません。

では、どうすればプラスの方向に引き寄せの力を使えるようになるのでしょうか。

そこでぜひ試してほしいのが、**小さな願い事をしてみる**ことです。

小さな願い事というのは、日常生活の中で「こうだったら嬉しいな」と思えるようなことや、今の自分がちょっと頑張ればかなえられそうなことです。

たとえば、「1週間に1度でも、運動する時間が取れたらいいな」と思っているとしたら、自分が運動をしている姿をイメージしてみましょう。

「この願い事がかなわなかったら、どうしよう」と心配する必要はまったくありません。ただ楽しい気分でイメージするだけでいいのです。

そうしていると、いつも通る道にスポーツジムができたり、雑誌で「手軽にできるスポーツ特集」の記事を見つけたり、友達から「引っ越しすることになったから、あげる」と自宅でできる運動器具をもらったりするというような、願いに近づく「いいこと」が起こりやすくなります。

「そういうことはこれまでにもあったな」と思う人もいるかもしれませんが、**重要なのは意識的にプラスの引き寄せをしている**という点です。

意識的にプラスの引き寄せができるということは、練習を積み重ねていけば、もっと大きな望みを引き寄せられるということです。

それに、引き寄せたものが小さな願いだったとしても「引き寄せの力が使えた」という実感が湧いてくるので、「やってみると、意外と簡単だな」「今度はもっといいことを引き寄せられるかも」と自信が持てるようになります。

早速、いいことを引き寄せる練習をしてみましょう。きっと楽しくできると思います。

09「きっと、思いをカタチにすることができる」と信じる

できると思えばできる、できないと思えばできない。
これはゆるぎない絶対的な法則である。
――パブロ・ピカソ　画家

自分の思いをカタチにできる人になるためには、性別や年齢はもちろんのこと、高い能力や資格、学歴、恵まれた環境などの特別なものは一切必要ありません。

あえていうと、特別なものを持っていると、他の人と比べて思いをカタチにできる確率がほんの少し高くなるくらいです。つまり、絶対的な条件ではありません。

しかし、思いをカタチにできる人になるために、絶対にはずせない条件がひとつだけあります。

それは、**「自分は引き寄せの力を使って、思いをカタチにすることができる」「自分が望むことをカタチにして、毎日幸せに暮らせるはず」と信じること**です。

とてもシンプルなことですが、これが真実です。

優れた才能があったり、天才的に頭が良かったりする人は、それなりにいい人生を歩めるかもしれません。しかし、そのような人たちでも、信じる気持ちを持っていないと、本当に自分の望む思いをカタチにすることはできないのです。

その一方で、これといった能力がなくても、十人並みの容姿でも、たいしてお金を持っていなくても、「きっと、思いをカタチにできる」と純粋に信じ続けることができる人は、いずれ自分が望む思いをカタチにすることができるのです。

世の中には「思いをカタチにできる人は、特別な一握りの人たち」といった先入観を持っている人が多くいますが、その考えは正しくありません。

ですから、「特別な人にならないといけない」と思い込んで、無謀なチャレンジをするのはやめましょう。「平凡な自分は思いをカタチにできないんだ」とやる気をなくしてしまったりして、不幸な結末を招くことになります。

繰り返しになりますが、**誰でも思いをカタチにする力を持っています。**

「自分はできる」「いつかかなえられる」と信じて努力することこそが重要なのです。

このことを意識するだけで、引き寄せの能力が飛躍的にアップしていきます。

10 マイナスの感情を減らす工夫をする

毎日毎日の足跡が、おのずから人生の答えを出す。
きれいな足跡には、きれいな水が溜まる。
——相田みつを　詩人・書家

いいことを引き寄せるために、心の状態をプラスにする努力をしていても、なかなか効果が表れないことがあります。それどころか、望んでいないものが引き寄せられて、「こんなはずじゃないのに……」と困ってしまう人もいるようです。

こういう状態に陥っている人は、心の奥底に溜まっているマイナスの感情が大き過ぎることが原因かもしれません。心の中に元々あるマイナスの感情が、新しく生まれたプラスの感情を打ち消してしまっているのです。

心の中にあるさまざまな感情は、生まれてはやがて消えていく一時的なもののように思われがちですが、そうではありません。実は、プラスの感情もマイナスの感情も、どちらも毎日少しずつ、その人の心の中に蓄積されていくという性質を持っています。

ですから、望まないものが引き寄せられるときは、心の中に、まだまだマイナスの感情が多く残っている、ということです。

こういうと、「プラスに考えようと頑張っているのに……」と落ち込む人がいるかもしれませんが、その努力は決して間違ってはいません。

ただ、長い期間、心の状態がマイナスだった人は、プラスの感情を増やす前に、**まずは心の中にあるマイナスの感情を減らすこと**をおすすめします。

たとえば、汚れたお湯がたっぷり入った水槽を想像してみてください。その水をキレイにするためには、かなり長い間、新しい水を注ぐ必要があります。

心も同じで、まずは毎日の生活の中で、心の中にある余計なマイナスの感情を捨てるように心がけましょう。

そのためには、**マイナスの感情が湧いてきたときに、「キャンセル」と声を出し、すぐに気持ちを切り替えるのが効果的**です。これを繰り返すことで、心の状態をプラスに転じていくことが可能になります。

第2章

マイナスの感情をプラスに変える

11 どんなことからもプラスの面を探す

今何がないかより、
今何があるかで発想しよう。
——斎藤茂太　精神科医・随筆家

世の中に起きるすべての出来事には、プラスとマイナスの両面があります。

たとえば、「雨」の天候が1週間ずっと続いたとしましょう。

こういうとき、「外出するのが面倒くさいなあ」「外を歩くたびに、洋服やバッグが濡れるのがイヤだ」「今度の週末は、山に遊びに行けるかどうか心配だ」というふうに考えることは、マイナスの面を見ていることになります。

逆に、「たくさん雨が降ったら、水不足にならないから安心」「夏の雨の日は涼しくて過ごしやすい」「雨が降るから、食物や植物が育ちやすくなる」というふうに考えるのは、プラスの面を見ていることになります。

つまり、**起こった出来事は同じでも、その人がプラスの面を見るか、マイナスの面**

を見るかで、意味合いが変わってくるのです。

雨が降り続くのを「面倒」「イヤだ」「心配」と考えるような人は、他の出来事においてもマイナスにとらえてしまうことが多いと思います。

人にはそれぞれ考え方のクセがあるものです。

物事をマイナスに考えてしまう傾向のある人は、その出来事のマイナスの面ばかりに注目しています。そのため、心の中にマイナスの感情が増えてしまい、現実でも悪い出来事が起こりやすくなってしまうのです。

自分の思いをカタチにするためには、**どんな出来事が起こっても、意識してプラスの面を探すことが大切**です。

たとえ、マイナスの面が目についたとしても、視点を変えていけばプラスの面は必ず見つかるものです。

最初のうちはなかなか慣れなくて、難しく感じるかもしれません。でも、どんなことでもプラスに考える習慣がつけば、心にプラスの感情がどんどん増えて、思いをカタチにしやすくなるのです。

12 苦しいときこそ、プラスの発想を心がける

苦しいときにその苦しみにばかりこだわらず、
美しいものに目を向けるというのは素晴らしい知恵である。
――モーリス・エルゾーグ　登山家

「思いをカタチにするには、プラスの面を見ることが大切だ」

そんなふうに思っていても、やることなすことがうまくいかないときは、どうしてもマイナスの面に注目してしまうものです。

しかし、ずっとマイナスの面ばかりを気にしていると、「私は何をやっても、ダメな人間だな」と自分を責めたり、「やっぱりチャレンジするのをやめておけばよかった」と後悔の念が湧いてきたりして、心の中にはますますマイナスの感情が増えて、精神的につらくなるばかりです。

「覆水盆《ふく》に返らず」ということわざもあるように、起きてしまったことはもう元には戻りません。うまくいかなかったからといって、時間を巻き戻してやり直すことはで

きないのです。

ですから、どんなにつらい状況でも、プラスの発想を心がけてほしいと思います。

20世紀を代表するデザイナーのひとりであるココ・シャネルは、**「人生がわかるのは、逆境のときよ」**という言葉を残しています。

彼女のデザインした美しい洋服だけを見ていると、生まれながらにして裕福な生活を送り、才能に恵まれた人生を歩んできたようなイメージを持ちます。しかし実際はそのイメージとは裏腹に、彼女は数々の不幸に見舞われた人生を送ってきました。

幼い頃に母親を亡くした上に、父親からも捨てられたシャネルは、孤児院で育ちました。その頃からファッションへの情熱が人一倍強かった彼女は、誰よりも熱心に裁《さい》縫《ほう》の技術を学び、洋服店で働くチャンスをつかんだのです。

それをきっかけとして、大成功をおさめることができたのです。

もしシャネルが、「私は両親がいないから不幸」「恵まれない環境だから、夢はかなえられない」などとマイナスの面ばかり考えていたら、ファッションの世界で活躍することはできなかったでしょう。

プラスの発想をすることは、実はつらい状況のときにこそ役立つのです。

13 不安な気持ちは早めに打ち消す

人を不安にするものは、事柄そのものではなく、
むしろそれに関する人の考えである。
――カール・ヒルティ　哲学者

「自分の思いをカタチにしたい」と考えていても、心の中にさまざまな不安が湧いてくることがあります。

「自分の夢を話して、周りの人に『そんなの無理だよ』と笑われたらどうしよう」

「思いをかなえるために時間をかけて準備しても、失敗してしまうかもしれない」

特に、物事をマイナスに考えてしまう人は、こんなふうに不安を抱えやすいものです。

「自分の思いをカタチにしたい」という気持ちはあっても、「でも、今と違うことを始めて、今より不幸な状態になったらどうしよう」という不安な気持ちのほうがすぐに大きくなってしまうのです。

もし、「自分はそういうタイプだ」と思っても、そんな自分を卑下する必要はあり

ません。

なぜなら、**誰だって新しいことを始めるときは不安があって当然**だからです。

しかし、不安な気持ちをそのままにしておくのは良くありません。心の中にマイナスの感情を溜めたまま放っておくと、現実にもマイナスの出来事が起こってしまうからです。

「負のスパイラル」という言葉があります。

たとえば、仕事でうっかりミスをしただけなのに、上司にひどく叱られ、ストレスを溜めてしまい、それが原因でさらに病気になったというようなことです。

このように、悪いことが繰り返し起こる「負のスパイラル」は、不安な気持ちを早めに打ち消すことで避けることができます。

右の例でいうと、仕事でミスをしたときに感じた「不安」というマイナス感情が引き金となって、次々と物事が悪い方向へ傾いたのです。

こういう場合は、仕事でミスをした時点で、「今度から事前にきちんと確認するようにしよう。それに気づけてよかった」「大きなミスじゃなくてラッキー」とプラスの発想をすれば、負のスパイラルを早めに食い止めることができるのです。

14 失敗は「うまくいかない原因」を教えてくれるもの

失敗？　これはうまくいかないということを確認した成功だよ。

——トーマス・エジソン　発明家

「失敗は成功のもと」という有名な格言がありますが、この言葉の意味をきちんと理解している人は少ないように思います。

たとえば、思いをカタチにするためにいろいろなことにチャレンジしても、なかなかうまくいかないという人がいます。

その人は、「『失敗は成功のもと』というし、次も頑張ろう」と前向きに考えて、何度もチャレンジしているのですが、一向にうまくいかないのです。

その理由は、失敗したときに、「なぜ失敗したのだろう？」と原因を探して、やり方を改善しようとしないからです。

「失敗は成功のもと」という格言は、「うまくいかない原因を見つけなければ、次も

同じような失敗をする」ということも教えてくれているのです。

自分の思いをカタチにしている人だって、失敗しないわけではありません。それどころか、他の人よりもたくさん失敗をして、「次はここを改善したら、うまくいくだろう」という原因を毎回見つけて、再びチャレンジしているのです。


デザイン会社に勤める好美さん（仮名・27歳）は、「自分がデザインした商品がお店に並ぶこと」を長い間夢見ていましたが、うまくいかずに悩んでいました。

それまでは、「私は運が悪い」と考えて落ち込むばかりでしたが、あるとき、真剣に自分がうまくいかない原因を考えたところ、「デザインの雰囲気が少し奇抜過ぎて、多くの人には受け入れられない」と思われていることに気づきました。

そこで、好美さんは、デザインの雰囲気をそれまでと変えてコンペで提案したところ、自分でも驚くくらいに次々と採用されるようになったのです。

どんなことをやるにしても、失敗はつきものです。しかし、失敗には必ず理由があります。「失敗は、うまくいくためのヒントを教えてくれるもの」とプラスにとらえ、また挑戦すればいいのです。

15 ピンチの中にはチャンスが隠れている

どんな失敗をしても、窮地に陥っても、
自分にはいつか強い運が向いてくるものだと
気楽にかまえ、前向きに努力した。

——高橋是清　政治家

思いをカタチにしていく途中で、思わぬピンチに遭うことがあります。

美容院に勤務する美容師の絹代さん（仮名・28歳）は、「いつか独立して、小さくてもいいから自分のお店を持ちたい」という思いがあり、毎日仕事に励んでいました。

そんなある日、以前同じお店で一緒に仕事をしていた人から「独立を考えているんだけど、一緒に経営してみない？」という話を持ちかけられました。

「願ってもない話だ」と感じた絹代さんは、上司に「お店を辞める」と宣言し、早速その人の話に乗ることにしました。

しかし、話が進んでいくにつれて、不可解な点がいくつか見つかりました。そこで、信頼できる共通の知人に相談に乗ってもらったところ、とんでもない事実が判明したのです。

どうやらその人は、過去に他の美容師さんから開業資金を借りたまま返済せず、訴えられていたのです。そして、絹代さんに独立の話を持ちかけて、何とかお金を工面しようとしていたというのです。

幸い、絹代さんはお金を取られずにすみましたが、辞意を伝えてしまったため今の職場での立場が悪くなってしまいました。一時期は独立を持ちかけてきた人を恨みそうになった絹代さんですが、あるとき、気持ちを切り替えて、「もう辞表を出したんだから、職場は潔《いさぎよ》く辞めて、独立しよう。騙されたことは、いいきっかけになった」とポジティブに受け止めて、スパッとお店を辞めることにしました。現在では、知人のお店の一角を借りて、小さいながら自分の美容院をオープンさせ、かなりの繁盛店を切り盛りしているそうです。

ノーベル物理学賞を受賞したアインシュタインは、**「チャンスは苦境の中にある」**といいました。ピンチのときは、暗い気持ちになるのではなく、そこに隠されたチャンスを探すことが大切です。

16 苦手なことは「勉強になる」と考えて、取り組む

苦手に直面したら、逃げたり放り出したりせずに、どこまでも食らいついていく。
——斎藤茂太　精神科医・随筆家

思いをカタチにするときに、どうしても苦手なことに取り組まなければならない場合があります。

誰だって、苦手なことはやりたくありません。しかし、願いをかなえるために行動している途中で、避けて通れない場合もあります。

こういうときは、「苦手なことを直面するとはツイていない」と落ち込むよりも、「苦手なことに直面したのは、神様からのプレゼントかもしれない。どうやったら乗り越えられるだろうか?」と考えるほうが、その後の人生にとってプラスになります。

介護福祉士の資格を持つ亜美さん（仮名・26歳）は、「病院で介護の仕事がした

い」という希望がありましたが、新卒で就職した病院では、なぜか営業を担当することになってしまいました。

「知らない人と会話をすることが苦手」と思っていた彼女は、イヤイヤ仕事をして、結局3年でその病院を辞めました。そして、「今度こそ介護の仕事をしたい」と思って、別の病院に転職したところ、そこでも営業の仕事を任されることになったのです。

亜美さんは、自分では「営業が苦手」と感じていましたが、実際のところ、営業成績は割と上位のほうで、取引先からの評判もとても良かったのです。

そこで、「この仕事も勉強のつもりで頑張ろう」と覚悟を決めた亜美さんは、気持ちをプラスに切り替えて、営業の仕事に真剣に取り組み始めました。

それからというもの、亜美さんの会話のスキルはどんどん上達しました。今では、営業を担当しながら、介護の仕事も同時にやらせてもらえるようになったそうです。

「営業で人と話すのが得意になったことが、患者さんとコミュニケーションするときにとても役立っています」と亜美さんはいいます。

このように、**苦手なことでも「勉強になる」とプラスにとらえれば、思わぬ才能が花開いて、思いをカタチにするための助けになることがある**のです。

17 悩み事は幸せになるキッカケ

悩みによって初めて知恵は生まれる。

悩みがないところに知恵は生まれない。

――アイスキュロス　詩人

マイナスの発想が習慣になっていると、いろいろな悩み事が増えてきます。

しかし、悩み事が解決したあとに、悩んでいた当時のことを振り返ると、「自分がもっと幸せになるためのキッカケだったな」と感じることもあります。

たとえば、仕事で悩み事が絶えなかった美佐子さん（仮名・25歳）は、派遣社員として勤めていた会社から、突然リストラされたことで深く落ち込んでいました。

「これといったスキルがないから、今から正社員で就職するのは難しいだろうな」

「リストラの理由は『会社の規模を縮小するから』と聞かされたけど、本当は何か自分に落ち度があったのかもしれない……」

美佐子さんがマイナスなことばかり考えていたところ、心配をしてくれた年上の友達から、こんなアドバイスを受けました。

「悩み事は自分を幸せな方向へ導いてくれるキッカケになるかもしれないよ。だから、『神様が私に、幸せになるヒントをくれたんだ』って考えてみたらどう？　今はつらいと思うけど、きっとあとで笑える日が来るよ」

それを聞いた彼女は「確かに、ずっと悩んでいても前に進めない。自分がリストラされたのも、もっと幸せになるために必要なことなのかも」と思うようになりました。

実は、美佐子さんは学生時代から、「語学留学をしたい」という思いを持っていましたが、それをあきらめて社会人になっていたのです。

しかし、会社にリストラされたことで、時間にゆとりができました。

「これはもしかすると、神様が語学を勉強するキッカケをくれたのかもしれない」

そう感じた彼女は、３カ月後には語学留学を申し込み、長年の思いをカタチにすることができました。

悩むことは決して悪いことではありません。**悩み事は、私たちに幸せになるキッカケを教えてくれる場合もある**のですから。

18 何かを失うから、代わりに得られるものがある

何かを得れば、何かを失う。
何ものをも失わずに
次のものを手に入れることはできない。
——開高 健　小説家

多くの人は、損をすることが大嫌いです。さらに詳しくいうと、「得をしたい」という気持ちよりも「損をしたくない」という気持ちのほうが強いのです。

これを心理学では「損失回避性」といいます。この心理は、実際に新聞やテレビの広告でよく使われています。

たとえば、化粧品を売りたいときは、「今、この化粧品を買うと、手鏡をプレゼントします」という宣伝をするよりも、「この化粧品は来月に値上げする予定なので、早めに買っておいたほうがいいですよ」と宣伝すると、売上がアップするそうです。

この心理は、思いをカタチにしていく過程でも同じです。

たいていの人は、「なるべく損をしない方法でやりたい」と思うものです。

しかし、失うことばかりに目を向けていると、心にはマイナスの感情が増えて、「願望をかなえたい」というモチベーションが下がってきてしまいます。

しかも、思いをカタチにしていく過程では、

「願いをかなえるためにいろいろな勉強会やスクールに出て、新しい友達をつくっていたら、これまで友達だった人たちと疎遠になった」

「夢を実現させるために、本格的に専門学校に通い始めたら、これまでの貯金がほとんどなくなった」

などというように、一時的に何かを失うことが頻繁に起こります。

こういうときは「損しちゃったな」と考えるのではなく、「代わりに得られたものは何だろう？」と、次のようにプラスの発想をしてみるとよいでしょう。

「昔の友達はいなくなったけど、新しい友達ができた」

「貯金はなくなったけど、スクールで専門的なことを教えてもらえた」

「捨てる神あれば、拾う神あり」ということわざもあるように、**世の中は何かを失えば、代わりに新しいものを得られるようにできている**のです。

19 思い通りにならなくていいこともある

この世で経験することは、何ひとつ空しいものはない。
歓びも悲しみも、みんな我々によく生きることを教えてくれる。
——山本周五郎　小説家

思いをカタチにするために、初めの一歩を踏み出したあとも、すべて自分の思い通りに進む可能性は少ないといえます。

どんなに運のいい人だって、プラス思考の人だって、途中で思い通りにならないことが起きるのが人生というものです。

それでも**彼らが楽しそうに生きているのは、「物事が自分の考えた通りに進まなくても、最終的に思いがカタチになればいい」とプラスの発想をしているからです。**

「人間《にんげん》万事《ばんじ》塞翁《さいおう》が馬《うま》」ということわざがあります。

人生というのは、自分が「いいな」と思って進んだ先に不幸なことが待っていたり、反対に「イヤだな」と思って進んだ先に幸せが待っていることがあります。

ですから、思い通りにならないことがあっても、「この方が自分にとって『いいこと』なのかもしれない」と考えてみましょう。

良美さん（仮名・25歳）には、「絶対につき合いたい。彼以外の男性には興味がない」と強く思うほど好きな人がいました。しかし、何度アプローチしても彼からはいい返事がもらえず、結局断られていました。

後日、落ち込んでいた彼女を心配した友達が、知り合いの男性を紹介してくれたのですが、その男性は、正直なところ良美さんの好みのタイプではありませんでした。

しかし、大好きな人に断られて「あの人のことをあきらめよう」とふん切りがついたこともあり、誘いに応じて出かけてみたところ、大好きだった彼といるよりも楽しく会話できることに気づきました。

良美さんは次第に、「今の彼といるほうが自然でいられる」「大好きな人にふられて良かった」と考えるようになり、今ではその彼と仲良くおつき合いしているそうです。

このように、思い通りにならなくて望まない道を進んだ先に、大きな幸せが待っているというパターンは意外と多いものです。

ですから、思い通りにならないことがあっても、落ち込む必要はないのです。

20 小さなトラブルを経験することで、大きなトラブルが防げる

私はあらゆるトラブルに感謝している。
ひとつのトラブルを克服したあと、より強くなり、
これからやってくるものに、うまく対処できるようになっていたからだ。
——ジェームズ・キャッシュ・ペニー　起業家

最近は、どの企業でも「採用したい人材」の傾向が変わってきているようです。

あるベテランの人事担当の人がこんなことをいっていました。

「以前は、たとえば『いい大学に通っている』『難しい資格を持っている』『リーダーシップがある』というようなことが重視されていました。でも今は『ストレスに強い人』を求めています。具体的にいうと、目の前にトラブルが起きても動揺しない人や、『トラブルを解決しよう』と前向きに動けるような人です」

この話は、思いをカタチにする過程でも参考になります。

マイナスの発想をしている人は、トラブルが起きることを恐れがちです。そのせいか、ちょっとしたトラブルが起きただけでも、「どうしよう。このままでは大変なことになってしまう」とパニックになり、心の中に余計なマイナス感情を増やしてしまいます。

しかし、**トラブルというのは、あながち悪いことでもありません。むしろ、小さなトラブルは経験しておいたほうがいい**のです。

なぜなら、そのほうが、またトラブルに遭遇したときに、「このくらい、たいしたことではない」と冷静に対処することができるからです。

さらに、ときどき起こる小さなトラブルを解決していくことで、その先に起こるかもしれない大きなトラブルを事前に予測して防ぐこともできるのです。

「軽いケガをしたので病院へ行ったら、検査で別の病気が見つかった」

「自宅に忘れ物をしたので取りに戻ったら、うっかり窓を開けっ放しにしていたことに気づいた」

こんな経験がある人も多いのではないでしょうか。小さなトラブルをプラスに受け止めることで、思いをカタチにする過程でもクヨクヨせずにすむでしょう。

21「悪いことは長くは続かない」と考える

人は何度やりそこなっても、
「もういっぺん」の勇気を失わなければ、
必ずものになる。

――松下幸之助　実業家

思いをカタチにする過程では、「何をやっても、なぜかうまくいかない」という時期があるものです。

こういう時期には、「この願望をかなえるのは、無理かもしれない」と落ち込み、「もう希望なんて持てない」と悲観的になってしまいがちです。

しかし、心配は不要です。

思いをカタチにしている人ほど、このような、うまくいかない時期を経験してきた人がほとんどだからです。

百恵さん（仮名・26歳）は、「アナウンサーになりたい」という思いがありましたが、なかなか芽が出ず、不遇の日々を過ごしていました。

就職活動では、テレビ局を志望しましたが、すべて不合格になりました。その後、専門のスクールに通いフリーアナウンサーとなりましたが、結局所属する事務所も決まらず、仕事がなかなか増えないという状況が数年続きました。

しかし、彼女は、「今はうまくいかないことが多いけど、長くは続かない。この時期を乗り越えれば、きっといいことに恵まれる」と信じていたので、あまり落ち込むこともなく、いただいた仕事を前向きにこなしていました。

そんなある日、「大きなイベントの司会をやってほしい」と声がかかりました。百恵さんの仕事ぶりを評価する人が現れたのです。

この仕事がキッカケで彼女の人生は変わりました。

トントン拍子で事務所が決まり、アナウンスや司会の仕事がグンと増えたのです。

「夜明け前が一番暗い」という格言がありますが、うまくいかない時期とは、まさにこの夜明け前の状態を指します。

コツコツと努力を続け、心の状態をプラスに保っていれば、暗い夜の先に、必ず明るい朝がやってくるのです。

22 意地悪な人がいるから、人の優しさのありがたみがわかる

落ち着け。
人を恨んで自分をダメにするな。
――ヘルベルト・フォン・カラヤン　指揮者

思いをカタチにする過程で、人を憎んだり、恨みたくなったりするような、ひどい出来事が起こることがあります。

そんな状況になっても、「罪を憎んで人を憎まず」の精神で、相手に対しては怒りの感情を持たないようにしましょう。なぜなら、心の奥底にずっと怒りを溜め込んでおくと、その感情がいつしか積年の恨みに変わってしまうからです。

サスペンスドラマなどでよく、「積年の恨みを晴らすために復讐した」というセリフを聞くことがあります。

つまり、恨みというのは、積もれば積もるほど大きくなる性質を持っていて、心の中をマイナスのエネルギーで支配してしまうのです。

意地悪をされれば、その人のことを恨みたくなるものです。しかし、**そういう人がいるからこそ、自分に親切にしてくれる人へのありがたみがわかります。**

世の中の人が皆、自分に優しくしてくれたら、最初のうちはそれをありがたく思っても、そのうち、それが当たり前のことになってしまうかもしれません。

もちろん、自分を苦しめた相手を「許す」という境地にたどり着くのは、難しいでしょう。

しかし、怒りはなるべく早く捨てて、恨みを持ち続けないようにすることは、努力をすればできると思います。

たとえば、思い出すと怒りが込みあがる出来事を紙に書いて、それを破りながら、「私は怒りの感情から今、解放された」とつぶやくのも、ひとつの方法です。

相手に怒りを向けても、いいことなど何も起こりません。それどころか、自分が余計に不幸になるだけなのです。

23 いい行いをしていれば、最後はハッピーな結末になる

良い思いや行いは決して悪い結果を発生させませんし、
悪い思いや行いは決して良い結果を発生させません。
――ジェームズ・アレン　思想家

「成功まであと一歩だったのに、邪魔する人が現れて前へ進めなくなった」

「チャンスだったのに、計画が狂って、やむをえず変更せざるをえなくなった」

こんなふうに、思いをカタチにできそうないいタイミングでマイナスの出来事に見舞われると、「運が悪いな」「何でこんなときに限って……」と一気に気持ちがマイナスの方向へ傾いてしまいます。

こんなときは、「いい行いをしていれば、最後はハッピーな結末が迎えられる」と考え直して、気持ちをプラスの方向へ切り替えていきましょう。

世の中には、「最後は善人が救われて、悪人は痛い目に遭う」という、「勧善懲悪」

と呼ばれる思想が根づいています。世界中の物語には、この思想をもとにつくられている物語がたくさんあります。

日本で有名な勧善懲悪の物語は、何といっても、長年テレビドラマで親しまれていた「水戸黄門」です。

基本的には「貧しい人々が悪代官に苦しめられているところを、最後に黄門様がこらしめて、苦しい立場の人たちが救われる」というパターンです。

どんなに不利な状況でも、最後は正義の象徴である黄門様が勝ち、民衆が救われるので、見ている人がスカッとした気分になるのが人気の秘訣だといわれています。

実は、思いをカタチにするのも、こうした物語と同じ仕組みといえます。

「邪魔する人が途中でいなくなり、そのあとで願いがかなった」

「チャンスをつかめなくて、計画を変更したら、以前より大きなチャンスが来た」

このように、最後はうまくいくという「勧善懲悪」の思想に当てはめて物事を考えれば、心にプラスの感情も増えてきますし、「希望を最後まで持とう」と思えてくるはずです。

第3章

夢をかなえるコツを知る

24 「こうなったらいいな」と思うことが夢になる

私たちは夢によって大きく育つ。

偉大な人々はみな、夢を持つ人である。

――ウッドロウ・ウィルソン　第28代米国大統領

「私には夢がある」

この言葉は、米国の「黒人解放運動」を先導した人物で、ノーベル平和賞を受賞したキング牧師の演説のタイトルです。演説の中では、タイトルの「私には夢がある」という一説が頻繁に登場しています。

「人種差別がなくなり、どの人種でも関係なく平等に社会で暮らせますように」というメッセージをシンプルな言葉で表したこの演説は、20世紀のアメリカを代表する名演説として、世界中で高い評価を得ています。

思いをカタチにするためには、キング牧師のように夢を持ち、強く願うことが大切です。

なぜなら、**夢を持つだけで、心の中にはプラスの感情があふれてくる**からです。

とはいえ、「夢といわれても、思いつかない」「自分が何をカタチにしていきたいのか、まだわからない」という人は意外と多いものです。

そういう人には、**普段の生活や自分について、「いつかは、こうなったらいいな」「こんなことをしてみたいな」とぼんやり考えていることを、紙に書き出してみる**のをおすすめします。

「趣味の写真を極めて、ポストカードをつくったり、個展を開いたりしてみたい」

「英語をマスターするために、海外に短期留学したい」

「週末は自然があふれる場所に住んで、のんびり過ごしたい」

このように、自分の頭の中だけで考えていたことを文字にしてみると、「自分には、こんな願いがあったんだ」とハッと気づくはずです。

その願いこそ、夢そのものなのです。

「夢を見つけなければ」と堅苦しく考えなくても大丈夫です。心をプラスにして過ごしているうちに、願い事、そして自分らしい夢が見つかるでしょう。

25 かなえやすい夢を見つけるためのヒント

あなたが今、夢中になっているものを大切にしなさい。
それはあなたが真に求めているものだから。
――エマーソン　思想家

夢を見つけるときは、「そうはいっても、無理だよね」「自分にはできそうもない」などとマイナスの方向に考えるのは、やめたほうがいいでしょう。

とはいえ、人それぞれ、かなえやすい夢とそうでない夢があるのは事実です。

どんな夢を持つかはその人の自由ですが、「思いをカタチにしやすい夢を持ちたい」と考えている人は、自分の好きなことや得意なことに注目してみましょう。

なぜなら人間は、好きなことや得意なことをしているときほど、「楽しいな」「もっとやりたい」とプラスの気分になり、それに伴って上達も早くなるからです。

逆に、自分が嫌いなことや苦手なことをしているときは、「何でこんなことをやっているんだろう」「うまくできないな」と次第にマイナスの気分になっていき、なかなか上達しません。

たとえば、「運動が大嫌いで、体育の成績が悪かった」という人が、「スポーツ選手になりたい」という夢を持ったとしても、実現する可能性は低いはずです。

または、勉強が大嫌いな人が「弁護士になりたい」と思っても、司法試験に合格する確率は低いでしょう。

つまり、**かなえやすい夢とは、その人の好きなジャンルや得意なことの中に眠っている**、ということです。

「本が大好き」という人なら、書店や図書館、出版社で働くことを夢にするのもいいでしょう。自分で本を書くという夢もステキです。

「文章を書くのが得意」という人なら、ライターや、企業の広報に関わる仕事を目指せば、自分の長所を活かせる夢が考えられます。

「自分の好きなことがわからない」という人は、子どもの頃に好きだったことや得意だったりしたことを思い出してみましょう。

子どもは純粋です。そのため、その頃に夢中になったことの中に夢を見つけるためのヒントがある場合も多いのです。

26 夢のイメージを写真やイラストを使って表す

あなたが習慣的にイメージング・タイムを設けているかいないかで、願望実現の度合いは大きく違ってきます。

――ジョセフ・マーフィー　著述家

夢をかなえる第一歩として、まずやってみてほしいことがあります。

それは、「こんな夢をかなえたい」というイメージを、写真やイラストを使って表す「ファンタジーマップ」をつくることです。

私たちの脳は、言葉を見たり、聞いたりするよりも、目を通して得た情報のほうに多くの影響を受けるといいます。

たとえば、車を運転するときに注意したほうがいいことを延々と説明されるよりも、「こんな運転の仕方は危険ですよ」と写真や映像を見せられたほうが、強く印象に残り、記憶からも消えることは少ないはずです。

ファンタジーマップのいいところは、一度見たら、その夢のイメージをありありと思い出すことができるところです。

ファンタジーマップのつくり方は簡単です。

用意するものは、ノートや画用紙などの白い紙とペン、そして、自分を写した写真と夢にまつわる絵や写真です。写真は、イメージに近いものを雑誌から切り抜いて使うといいでしょう。

つくり方は、白い紙の中心に自分の写真を貼って、その周りに「自分の夢」を連想させる写真やイラストを貼っていき、必要ならば「〇〇をする」というふうに言葉も添えていくのです。

この作業をやった人は、最初「面倒くさそう」といっていた人も含め、全員「とても楽しかった」と口を揃えていいます。

見るだけでワクワクして、「夢のために頑張ろう」と思えるなら、そのマップは完成です。

完成したマップは部屋の壁に貼り、できるだけ頻繁に見るようにしましょう。それだけで、思いをカタチにするスピードもアップしていきます。

27 具体的な目標を持つ

目的こそ活力の源泉です。
行動を起こすためには、目的を持つ必要があります。
——ジョセフ・マーフィー　著述家

夢を見つけたあとに陥りがちな悩みは、「夢を見つけたのはいいけど、何をどうやったら夢に近づけるのか、まったく見当がつかない」というものです。

そういう人にぜひやってほしいのが、**数値を入れて達成するための具体的な目標をつくること**です。

「こんなふうになったらいいのに」と漠然とイメージしているだけでは、前向きな気持ちにはなれても、前へ進むことはできません。

それに、具体的な目標を持っていないと、いくら夢があっても、日常の忙しさに流されてしまう可能性があります。

誰でもそうだと思いますが、大人になると、毎日何かとたくさんの予定をこなさなくてはならないものです。

　そのため、夢を実現するために何かを実行しようとしても、時間を取るのが難しい場合があります。

「平日は、自宅と会社の往復で、休日は洗濯と部屋の掃除で毎日があっという間に終わってしまう。今日も夢のために何もせずに終わってしまった」

　こんなふうに、自己嫌悪に陥ってしまう人もいるのではないでしょうか。

　しかし、自己嫌悪に陥っているうちはまだいいのです。

　それよりも、具体的な目標を持たないために、次第に夢に対するあきらめの気持ちが大きくなってしまい、夢への情熱が冷めてしまうことが問題なのです。

「散歩の途中に富士山に登った人はいない」という言葉があります。偶然、大きなことを成し遂げられる可能性はほとんどないという意味です。

具体的な目標を持っているかいないかで、１年後のその人の姿は違ってきます。

　具体的な目標を持っていた人は、ますます精力的に活動していて、小さな夢だったらかなえていることもあるでしょう。反対に、目標を持たなかった人は、１年前とさほど変わらない生活をしていると思います。

28 心がワクワクする目標の立て方

人生にはカメのような一歩一歩の歩みが大切。

二歩三歩いっぺんに飛ぼうとすれば失敗する。

――松下幸之助　実業家

「目標を持つと、思いをカタチにしやすくなる」というのは事実ですし、いわゆる偉人といわれる人たちの中にも「目標を持つこと」をすすめる人は多くいます。

しかし、その一方で、目標を持つことに抵抗がある人もいます。

そういう人たちの多くは、過去に目標を持ったことで、心にダメージを負っている場合があります。

「大きな目標のために頑張ってきたけど、結局、夢がかなわず挫折してしまった」

「目標を立てたのはいいけど、途中から『今日もやらなければ』と自分を追い込んでしまい、だんだん楽しくなくなって、最後にはやる気をなくした」

こんな経験をすると、「目標なんか持たないほうが楽しく過ごせる」「目標を持ったことで、自分の意志の弱さを実感して、結局、落ち込むことになる」と考えてしまうのも仕方がないことかもしれません。

しかし、そんな過去を持っている人でも、目標のために行動するのが苦でなくなる、いわゆる「目標の立て方」を紹介します。

大切なのは、その目標を見たり、実行したりするときに心がワクワクすることです。

ワクワクしない目標を立てると、途中で苦しくなってしまいます。

そこで、最初のうちは、少し頑張れば達成できそうな、小さな目標を立てることをおすすめします。

たとえば、「フルマラソンの大会に出場したい」という夢を持っているなら、「毎日必ず10キロ完走する」という目標よりも、「週に3回3キロ程度はジョギングをする」という目標のほうが望ましいということです。

「ジョギングをする」という目標が達成できたら、その次に「5キロマラソンにエントリーして完走する」というふうに目標をだんだん高めていきましょう。

このように、「自分でもできる」と実感することで、無理なく夢に近づいていけるのです。

29 夢がかなったときのメリットを思い出す

あなたの夢は何か、あなたが目的とするものは何か、
それさえしっかり持っているならば、必ずや道は開かれるだろう。
――マハトマ・ガンディー　宗教家

「かなえたい夢があるので、目標を立ててみた。だけど、いまいちやる気が湧いてこない」という人がいます。

そういう人は、**夢をイメージしていた頃に、「この夢がかなったら、こんないいことがあるだろうな」と考えていたときのことを思い出すといい**でしょう。

たとえば、「お菓子づくりの仕事をしたい」という夢を持っていたとしましょう。

お菓子づくりというのは、一見楽しそうに思えますが、それを仕事にするためにはさまざまな努力をする必要があります。

美味しいお菓子をつくるためには、試作を繰り返したり、人気のあるお店の味を研究したりして、腕を磨かなければいけません。また、お菓子は見栄えをよくすること

も重要なので、美的センスも養わなければなりません。

そのためには、製菓の専門学校に通って、お菓子づくりの基礎を一から学ぶ必要も出てくるでしょう。

いずれにしても、夢をかなえるためには、努力、勉強、時間、お金など、それ相応の要件が必要になるのです。

具体的な目標があるのにモチベーションが高まらないのは、このような代償、言い換えればデメリットに注目してしまうからです。

そこで、今一度、**夢をかなえることで得られる恩恵、つまりメリットに目を向けてみる**のです。

「お菓子づくりの職人になれれば、毎日好きな仕事をすることができる」

「腕を磨けば、『あなたのお菓子は美味しい』と喜んでくれる人が現れる」

「チャンスがあれば、独立して自分のお店を持てるかもしれない」

こんなふうにメリットを思い出すと、「思いをカタチにしたい」という熱意が復活してきて、多少の努力は苦にならなくなるでしょう。

30 夢をかなえるためには、必要な順番がある

大事をなさんと欲せば、
小さなる事を怠らず勤むべし。
——二宮尊徳　農政家

「馬も買わずに鞍《くら》を買う」ということわざがあります。鞍とは、馬の背に人が乗りやすいように置く道具のことです。

本来ならば、馬を買ったあとでその馬の大きさに合わせた鞍を買うべきなのに、馬を買うより先に鞍を買ってしまった、という意味です。つまり、**「何事にも順序があり、それを間違えてはならない」**ということを伝えています。

建物にたとえるとわかりやすいと思います。

ビルを建てるためには、まず土地が必要です。そして、基礎の工事で土台をつくった後に柱を建てて、壁を張っていきます。最後に、ビルの外側の色をつけたり、内側の部屋を細かくつくったりして完成となります。

この順序は決して変えることはできません。柱がないのに壁を張ることはできないし、壁がないのに内側の部屋をつくることはできないのです。

思いをカタチにするときも、実は同じことが言えます。**夢を実現させるためには、そのために必要な流れ、順番というものがあります。**

「フリーで英語の翻訳家になりたい」という夢を持っているなら、英語を話したり、英文を読んだりといった語学力を身につけることが不可欠です。

語学力が一定レベル以下の状態で、「仕事をください」と営業に励んでも、相手が仕事を依頼してくることはまずないでしょう。

この場合は、語学力を磨いてから、営業をするというのが正しい順番です。

具体的な目標を立てるとしたら、まずは「英語検定の1級に合格する」といった高い語学力を証明できるような資格を取ってから、「仕事をもらう」ために必死に営業をすればいいのです。

思いをカタチにする過程で焦《あせ》りは禁物です。確実にかなえたい夢ならば、なおのこと順番をしっかり考えて行動することが大切です。

31 本気でかなえたい夢にしぼる

事を成し遂げる秘訣は、
ただひとつの事に集中することにある。
――エイブラハム・リンカーン　第16代米国大統領

「虻蜂《あぶはち》取らず」ということわざがあります。

「虻も蜂もどちらも捕まえようとして、両方とも取り逃がしてしまう」という意味から、欲を出してふたつの目的を成功させようとすると、結局は何も得られない、ということを伝えています。

「ちょっとの努力でかなえられそうな夢なのに、なかなかいい結果が出ない」

「一生懸命、夢を追いかけているのに、どの夢も実現する兆《きざ》しが見えない」

こんな悩みを抱えている人は、まさにこのことわざのように、一度にたくさんのことを追いかけてしまっているのかもしれません。

しかし、一度にたくさんの夢をかなえようとすると、一つひとつの夢に対する情熱や行動力などのパワーが分散されてしまうので、結局どれも思い通りに実現することができないのです。

もちろん、「たくさんの思いをカタチにしたい」と願うのは悪いことではありません。しかし、欲張り過ぎて何も実現できないとしたら、とてももったいないことです。

こういう場合は、いったん夢を整理してみてください。

夢を見比べてみて、本気でかなえたい夢だけにしぼるのです。

自分の心に、「この夢は本気でかなえたいのだろうか？」と問いかけてみてください。

夢をたくさん持っていると、中には、「夢を見つけたときは『絶対にかなえたい』と思っていたのに、行動に移してみると『何だか違うな』と感じた」という夢がいくつか出てくるはずです。または、「実現できたら嬉しいけど、そのために時間は犠牲にしたくない」と思うような夢もあるかもしれません。

それらの夢は、きっと自分の本心からは望んでいないものなのです。

本気の夢とは、自然と熱意が湧いてきて、「絶対にかなえたい」と一点の曇《くも》りもなく思えるようなものなのです。

32 チャンスがやって来たら、迷わずつかみ取る

チャンスは逃すな。まず決断をせよ。
石橋を叩くのはそれからである。
——西堀栄三郎　登山家

夢をかなえるために一生懸命頑張っていると、あるときチャンスがやって来ます。

「チャンスがやって来た」と感じたときは、迷わずつかみ取ることがとても大切です。

「そんな当たり前のことは、わかっている」と思う人がいるかもしれません。

しかし、現実では意外にも、チャンスが目の前にやって来ているのに、つかむのを躊躇《ちゅうちょ》する人が多いのです。

「チャンスの神様には前髪しかない」という有名な格言があります。

自分の目の前にチャンスがやって来たときは、すぐに髪をつかまないと逃げてしまう、という意味です。つまり、「ここぞ」というときはすばやく行動しないと、チャンスはすぐに消えてしまうということです。

真紀子さん（仮名・25歳）は、社員5名の小さな会社で事務員として働いていますが、実は「雑貨屋さんで働きたい」という思いを持っていました。

そのため、仕事のかたわら、手づくりの財布やポーチなどを作成し、友達の雑貨屋さんに置いてもらったり、インターネットを利用して販売したりしていました。

そんなある日、雑貨屋を経営している知人経由で、「今度新しいお店を出そうとしている人がいて、雑貨に詳しくて事務もできる人を探している」という話を持ちかけられました。「これはチャンスだ」とピンときた真紀子さんですが、「今の会社よりも収入がダウンするかもしれないな」などと考えてしまい、「返事を待ってもらえますか？」といったん保留にしました。

しかしその直後、真紀子さんの他に「ぜひやりたい」という人が現れて、結局その人が雑貨屋の社員に決まってしまったのです。

真紀子さんは後悔しましたが、あとの祭りでした。

「あのとき、チャンスをつかんでおけばよかった」と悔やむことがないように、早めの決断と行動を心がけましょう。

33 ひとつ夢がかなったら、すぐに次の夢に向かう

あたらしい門出をする者には、
新しい道がひらける。
——相田みつを　詩人・書家

念願かなって、思いがカタチになったときは、言葉では言い表せないほどの嬉しい気持ちになるものです。

しかし、ここで注意してほしいことがあります。

それは、**夢がひとつかなったからといって、「もうこれで十分」と満足してしまわない、ということ**です。

「やっと、かなった」と達成感を味わったり、「こんなに幸せなのは生まれて初めて」と喜びを噛みしめたりしたあとは、ワンランク上の夢を掲げてほしいのです。

こう言うと、「夢がかなって嬉しいのに、さらに幸せになろうなんて、バチが当たりそう」と不安になる人がいるかもしれません。

実は、人間はもともと「幸せはずっと続くもの」と考えるのが苦手な特性を持っているのです。

心理学に、「限界効用逓減《ていげん》の法則」というものがあります。これは、砂漠で水を飲んだとき、一杯目の効果は大きいが、そのあとの効果はどんどん減ってしまう、というような意味です。これと同じで、幸せにも次第に慣れてしまうのが人間なのです。

ですから、夢がひとつかなったからといって現状に満足してしまうと、これまで心の中に根づいていた情熱やワクワク感といったプラスの感情が少しずつ減っていきます。

「夢をかなえたあとに何もしないでいたら、次第に、夢を見つける前の生活に戻ってしまった」という人をときどき見かけますが、そういう人はプラスのエネルギーを使い果たしてしまったのだと思います。

「恋人がほしい」という夢がかなったら、次は「恋人と結婚する」「ふたりで同じ趣味を持つ」というふうに新たな夢に向かってください。

すでに夢のかなえ方を知っている人が、新しい夢を実現するのは少しも難しいことではありません。思いをカタチにする力を鈍らせないようにしましょう。

第4章

自分をもっと好きになる

34 ゆっくりと自己肯定感を高める

自分で自分をあきらめなければ、
人生に「負け」はない。
——斎藤茂太　精神科医・随筆家

「何で、自分の人生はこんなにつまらないのだろう……」

「思いをカタチにしたいけど、私なんかじゃうまくいくはずがない」

いつも、心のどこかでこんなふうに思ってしまう人には、「自分が嫌い」「自信がない」という共通点があります。

こういうタイプの人は、自分を「ダメな人間」「幸せになれない人間」と決めつけているので、心にマイナスの思いが溜まっていて、なかなか思いをカタチにすることができません。

つまり、「自分が嫌い」という気持ちが強いと、どんなに願いをかなえたいと思っても、大きなネックになってしまうのです。

一方で、口には出さなくても、心の中で「自分が好き」と思っている人は、そんなに才能がなくても、頭が良くなくても、地味な雰囲気でも、自分の思いをカタチにできる可能性が高くなります。

なぜなら、「自分が好き」というタイプの人は、「私でもやればできる」「私の人生は、もっと良くなっていく」と、自然にプラス思考ができるので、現実もその通りになっていくからです。

ですが、今は「自分が嫌い」という人も、安心してください。少し時間をかければ、必ず「自分が好き」と思えるようになります。

親や周りの人に否定された経験があっても、これまでつらいことばかりだった人でも、自分を好きになれますし、人生を変えていくことができます。

心理学の用語に「自己肯定感」というものがあります。

「このままの自分が好き」という、自分自身を認める気持ちのことです。

どんな人でも、今のままの自分を変えることなく、自己肯定感を高めていくことは可能です。それは、幸せに向かう出発点となるのです。

35 自分で自分をほめる習慣をつける

自分で自分をほめてあげたいという心境になる日を、
一日でも多く持ちたい。

——松下幸之助　実業家

「自己肯定感」を高める方法で、強くおすすめしたいのが、**自分で自分をほめること**です。

人は誰でも、ほめられることが大好きです。

たとえば、友達を自宅に招いたとします。一生懸命料理をつくって、友達に喜んでもらえるようなおもてなしを考えました。そのときに、

「あなたのお料理、どれもとても美味しいわ。盛りつけの彩《いろど》りもステキ！」

「こんなに素晴らしいおもてなしをしてもらったのは初めてよ。ありがとう」

というふうに言われたら、どんな気持ちになるでしょう。

「それほどでも……」と口では謙遜するかもしれませんが、嬉しさが込みあげてくる

はずです。「一生懸命、料理をつくってよかった」「友達を招いてよかった」と報われた気持ちになるのではないでしょうか。

このように、「ほめる」というと、他人からいってもらったり、自分から他人に対していってあげるのが一般的です。

しかし、これをぜひ、自分自身に対してもやってほしいのです。

ほめる内容は、自分なりに頑張ったことや努力したことはもちろん、いつもよりうまくできたことも加えてください。

「自分が嫌い」という人の中には、「自分をほめる言葉が見つからない」「恥ずかしくて、自分のことなんてほめられない」と思う人もいるかもしれません。

ほめ言葉は、「頑張った」「よくやった」というシンプルなひと言でかまいません。

最初のうちは、「はいはい、自分にしては上出来かな」というふうに、お世辞をいうつもりでもいいのです。そもそも誰に披露するわけでもないので、そのうち恥ずかしさはなくなってくると思います。

ほめ言葉を習慣にして、思いをカタチにできる心を育てていきましょう。

36 過去の悲しみを癒す

悲しみを癒す唯一の治療法は、
何かをする事だ。
――ジョージ・ルイス　哲学者

自分を嫌いな人は、これまでの人生の中で「悲しい」「苦しい」「つらい」といったマイナスの思いをしてきた時間が長いはずです。

「今までの人生を振り返ると、自分は悪くないのに、不幸な目に遭ってばかり」

「なぜだか周りの人に見下されてばかりで、人から認められたことがない」

「一生懸命努力しているのに、最後には必ずといっていいほど失敗してしまう」

こんな経験ばかりしている人が、自分に自信を持てず、自分のことを嫌いになってしまうのは、やむをえないことかもしれません。

そういう人に、**自分を好きになるために、やってみてほしいのが、過去の「悲しみ」や「苦しみ」の感情を癒すこと**です。

春子さん（仮名・24歳）は、複雑な家庭で育った影響で、今まで「楽しい」と感じた記憶がほとんどありません。そのせいで、自分に自信が持てずにいました。

彼女には「母親から離れてひとり暮らしをしたい」という思いや、「海外旅行に行ってみたい」という目標がありますが、そのどれもかなえることができずに、アルバイトを転々とする日々が続きました。

そんなときに知ったのが、心に傷を抱えた人たちをサポートする市民団体です。

早速、彼女はその団体のカウンセリングを申し込みました。

最初は「本当に効果があるのかな？」と半信半疑でしたが、実際にカウンセリングを受けると、どんどん心が軽くなっていくのを感じました。

心の奥底にしまい込んでいたマイナスの感情が、カウンセリングによって一気に癒されていったのです。もし彼女が、ただマイナスの記憶が薄れるのをじっと待っていただけなら、気持ちを切り替えることはできなかったでしょう。

それからというもの、春子さんは定期的にカウンセリングを受けながら、「ひとり暮らしをする」「海外旅行へ行く」という思いを実現するために、熱心に働いているそうです。

37 自分の長所を自覚する

人みな各々の得たる所ひとつあるものなり。
――沢庵　臨済宗の僧

人は誰でも、長所と短所を持っているものです。

自分を好きな人は、「私は物事をテキパキとこなせるのが長所だと思う」というふうに自分の長所を自覚しつつも、「でも、人の話を聞かずに自分の話ばかりしてしまうことがある」と短所も受け容れています。

しかし、自分を嫌いな人は、「私には何の長所もない」と思い込んでいたり、「私の長所なんて、他の人に比べたらたいしたことはない」と、認めようとしなかったりします。

思いをカタチにするためには、自分の長所をしっかりと自覚することが大切です。

自分の長所を自覚すると、短所がそれほど気にならなくなります。

すると、自然と心にプラスの感情が増えていきます。

「長所も短所も天与の個性、持ち味の一面。うぬぼれず嘆《なげ》かず、大らかにそれらを活かす道を考えたい」

「経営の神様」といわれた松下電器（現・パナソニック）創業者の松下幸之助氏は、人の長所と短所を右の言葉のように考えて社員を育てたようです。

自分の長所を自覚するためにまずやってほしいのが、自分の「いいところ」をできるだけたくさん書き出してみることです。

「自分のいいところなんて、わからない」という人は、これまでに人からほめられたことを思い出してみてください。

「友達に『料理が上手』とほめられた」

「同僚に『説明の仕方がわかりやすい』といわれた」

こんなふうに、自分を嫌いな人でも、必ずいくつかの長所が見つかるはずです。

大切なのは、どんなに小さなことでも、長所を見つけたときには、「私にもいいところがあるんだな」と素直に認めることです。

38 コンプレックスをプラスにとらえる

劣等コンプレックスから抜け出すためには、
その劣っている面じゃない、素晴らしいほうの面から自分を見返して、
駄目ならかえって面白いじゃないか、というように発想を変えてみることだね。
——岡本太郎　芸術家

自分を嫌いな人には、自分の短所や人より劣っていると感じるところを「コンプレックス」にしてしまい、自分の長所まで否定するという状態からなかなか抜け出せないというケースがよくあります。

そういう人におすすめしたいのが、**自分のコンプレックスを別の角度からながめて、プラスの意味づけをすること**です。

たとえば、「飽きっぽい性格で、何をやっても長続きしない」というコンプレックスを持っていたとしましょう。

「飽きっぽい」「物事が長続きしない」という表現はマイナスのイメージを思い起こさせます。そのため、「いい加減な人」「根気がない性格」というマイナスなとらえ方

をされてしまいがちです。

しかし、見方を変えれば、こういうタイプの人は、「好奇心が旺盛」「柔軟性がある」ともいえるのです。

たとえば、自分のやりたい仕事を求めて職を転々とする人がいます。

そんな人を見て、「根気がない」「仕事を甘く見ている」と否定することもできますが、「本当に好きなことを仕事にする」ために、状況を変えることを恐れないという長所と見ることもできます。

転職を繰り返すには、準備も勇気も必要です。つまり、自分から行動するパワーがなければできることではないのです。

このように、ひとつの物事の見方を変えて、違う意味づけをすることを、心理学では「リフレーミング」といいます。

リフレーミングを使うと、今までコンプレックスを感じていた自分の性格が、魅力的に見えてくることがあります。

とにかく**短所もひっくるめて、自分を好きになることが大切**です。

39「セルフイメージ」を書き換える

できるかぎり理想的な自己を思い描きなさい。

日々考える理想の自己像が、未来のあなたの設計図なのです。

——ジョセフ・マーフィー　著述家

思いをカタチにするためには、「セルフイメージ」を高く持つことが重要です。

セルフイメージとは、自分が感じている自分の姿、という意味です。

自分の好きなことをして活躍している人や、自分の理想とする生活を送っている人などは、このセルフイメージが高いといえます。

どんなセルフイメージを持つかは、自分が過ごしてきた環境や人間関係、過去にしてきた体験によって大きく変わります。

たとえば、口の悪い親に育てられて、

「あんたは本当にダメな子ね」

「あんたはブスだから、結婚できないよ」

などといわれて育った女性は、本当は賢くて美人でも、自分のセルフイメージが低くなっている場合が多くあります。

子どもは親の言葉の影響を大きく受けるため、それが本当かどうかは別として、鵜呑みにしてしまうのです。

また、学生時代にいじめを受けたり、恋愛で失敗ばかりしてきた人も、同じようにセルフイメージを低く持ってしまうことがあります。

しかし、**セルフイメージは、いつでも書き換えることが可能**です。

そのために大切なのは、「自分は幸せになっていい存在だ」「私は頑張っている」というように、**自分を本気で肯定すること**です。

他人の影響で低くなったセルフイメージは、自分で上げていけばいいのです。

よく「学生のときはパッとしなかったけど、久しぶりに会ったら、あか抜けてステキになった」という人がいますが、そういう人は何かがキッカケで意識が変わり、セルフイメージを書き換えたのだと思います。

今現在、自分のことが嫌いな人も、いくらでもセルフイメージは高められます。

まずは自分に**「私は思いをカタチにできる」ときちんとメッセージを送ること**です。

40 自分と他人を比べず、参考にする

他人と比較してものを考える習慣は、致命的な習慣である。
——バートランド・ラッセル　論理学者

人は、「何が優れているか」「何が劣っているか」と物事を比べたがる生き物です。しかも、日本人は他の国の人よりも、何に対しても「比べる」傾向が強くあるようです。

なぜなら、日本人は生まれつき、「みんなと同じであることが、いいこと」と考える人が多いからです。

そのため、多くの人は自分と他人とを比較して、「友達はほとんど結婚しているのに、私はまだ独身」「同じように働いているのに、隣の同僚のほうがお給料を多く貰っている」といったことを、必要以上に気にしてしまいます。

とくに、自分を嫌いな人は、自分より優れた人を見つけては比較し、「自分はダメ

なんだ」と落ち込んでしまう傾向があるようです。

他人をうらやんでばかりいると、心の中には、「嫉妬《しっと》」や「ねたみ」などのマイナスの感情が増えるばかりです。

自分と他人を比べて悩むと、心がマイナスになってしまうので、そういう感情が浮かんだら、すぐに「キャンセル」と口に出して、気持ちを切り替えましょう。

それでも、どうしても自分と他人を比べてしまうのならば、次のように考えることをおすすめします。

もし、「あの人はいいなあ。それに比べて私は……」と落ち込んでしまったら、その代わりに、**「あの人のマネをできるところはどこだろう？　参考にできるのはどこだろう？」**と考えてみましょう。

「あの人はスタイルがよくてうらやましい。それに比べて私は……」と思う代わりに、「あの人がやっているように私もヨガを始めてみようか」と考えるのです。

そうすれば他人と自分を比べて悩むこともなくなり、自分の才能を伸ばすことにもつながるので、思いをカタチにする上でも役立つはずです。

41 他人の犠牲になるのをやめる

何よりも大切なのは自分が何を言いたいか知ること。
次に誰にそれを言いたいのか決めることだ。
——ハロルド・ニコルソン　作家

自分を嫌いな人は、自分より他人のことに気持ちが向き過ぎて、自分を犠牲にしてしまう人が多いようです。

「私はいつも損な役回りばかりさせられて、自分の希望を通せたことがない」

「誰かといるときはいつも気を使って、相手の考えにそのまま従っている」

「頼まれると『できません』と断れなくて、結局引き受けてしまう」

このような経験をたくさんしている人は、知らず知らずのうちに、心の中にストレスを抱え込んでしまっているかもしれません。

こういうタイプの人は、真面目な性格の人が多いので、きちんと努力をすれば、自分の思いをカタチにすることができるはずです。

ただ、自分の思いがあっても我慢してしまい、他人の思いを優先してしまいがちなので、なかなかうまくいきません。

それどころか、相手のことばかり考えてしまうあまり、一番大切な自分の気持ちがわからなくなってしまうのです。


自分を好きになるには、自分の心に正直になることがとても大切です。

そのためには、自分の思いをきちんと言葉にする必要があります。

こういうと「自己主張して、嫌われたくない」と思う人もいるかもしれませんが、実際に口に出してみると、案外聞き入れてもらえることが多いはずです。

たとえば、「休日に友達の結婚式に参加する予定になっている」という状態で、上司から「申し訳ないが、休日出勤してもらえないか？」と頼まれたとしましょう。

心の中で「結婚式に行きたい」という気持ちがハッキリしているなら、「申し訳ありません。休日はすでにはずせない予定が入っています」といってみるのです。

丁寧ないい方をすれば、失礼にはなりません。

どうしようもない場合には、遠慮せず、自分の思いを口に出すことが大切です。

42 やりたくないことは、無理してやらなくていい

無理なことをどうこう思い悩むのは、むだなことです。
できないことは、神さまがお望みでないのだと思いなさい。
――マザー・テレサ　修道女

自分を好きになるためには、やりたくないことへの向き合い方を考え直すことが大切です。

本来誰でも、やりたくないことを積極的にやろうとはしないものですが、自分を嫌いな人ほど、うっかり手を出してしまいがちです。

「やりたくないことでも一生懸命やれば、いつかは克服できるはず」「つまらないことだけど、我慢してやらなければいけない」と考えてしまう傾向があるのです。

そういう考え方も確かにあり、決して間違ってはいません。思いをカタチにするためには、ときとしてやりたくないことにも立ち向かっていく必要もあります。

しかし、人にはそれぞれ「進んでやっていきたい」と思うものがあると同時に、ど

う頑張っても楽しくないような「やりたくない」と思うものがあるものです。

やりたくないことを無理に克服しようとしたり、我慢して続けたりしても、「なかなかうまくできない」と自信を失い、自分が嫌いになっていくばかりです。

ですから、やりたくないことは無理してやろうとせずに、やりたいことを優先させてほしいと思います。

優子さん（仮名・29歳）は、幼い頃からひとつのことをコツコツと続けて、物事を丁寧に行なうことが得意でした。あるとき、会社のマラソンクラブに誘われて、断りきれずにクラブに入りました。しかし、彼女は本当は運動が苦手で、「やりたくない」という気持ちで練習に参加していたので、ついには体調を崩してしまいました。「このままでは、病気になってしまう」と思った彼女は、勇気を出してクラブを辞めたいと伝えたところ、すんなり受け入れてもらえました。

心をプラスの状態に保つには、やりたくないことに手間をかけ過ぎないことです。

仕事上はやむをえない場合もありますが、**できるだけ自分のやりたいことを中心に生活するほうが、人生は確実にうまくいきます。**

43 自分のことは自分で決める

多数に追随するな。
自分自身で決断せよ。
――マーガレット・サッチャー　政治家

自分を嫌いな人は、何か物事を決めることに対して、強いストレスを感じてしまう傾向があります。

麻美さん（仮名・22歳）は、この不況が原因でリストラに遭ってしまいました。現在、彼女はことあるごとに、「リストラになるくらいだったら、結婚を申し込まれた彼とゴールインしておけばよかった」と悔やんでいます。実は、2年前に、年上の彼氏から「僕と結婚してください」とプロポーズされていたのです。

彼女自身、「この人とだったら結婚したい」という思いを持っていたので、「できればプロポーズを受けたい」と前向きな気持ちでいました。

しかし、周りの人に相談したら、ことごとく反対されてしまったのです。

両親からは「結婚はまだ早い。料理だってロクにできないのに」といわれました。友達も「せっかく就職したばかりなのに、結婚するなんてもったいない」「まだ若いから、この先もっといい出会いがあるよ」という意見がほとんどでした。

自分の考えに自信が持てなかった彼女は、かなり迷った末に、彼氏に正直な気持ちを打ち明けました。

彼は「結婚しても働き続けてほしいし、料理や家事はお互い協力してやろうよ」といってくれましたが、結局、麻美さんはプロポーズを断り、その直後に二人は別れてしまったのです。もし彼女が、周りの意見に左右されず、「やっぱり彼と結婚したい」という気持ちを貫いていれば、今頃は思いをカタチにできて、幸せに暮らしていたと思います。

他人の意見を参考にするのは悪いことではありません。

しかし、**「最終的にどうするか」を決めるのは自分自身**なのです。

自分で決めたことなら、万が一失敗しても、そこから学びを得ることができます。

しかし、人にいわれてあきらめたことからは、後悔以外の何も得られません。

ですから、できる限り「自分のことは自分で決める」と心がけることが大切です。

第5章

言葉を変えると心も変わる

44

意識してプラスの言葉を使う

感情を好ましい状態に持っていく言葉の使い方、
それは明るく肯定的な言葉を使うように心がけることです。
――ジョセフ・マーフィー　著述家

思いをカタチにするためには、**日頃使っている言葉に気を配ることが非常に重要**です。

たとえば、「好きなジャンルの仕事をしたい」という思いを持っている、AさんとBさんがいたとしましょう。ふたりとも、今の時点では、どんなジャンルの仕事をしたいのか決まっていない状態です。

とはいえ、周りの人たちに、

「近い将来、好きなジャンルの仕事をしたいと考えています。今はそのために、関心のあるセミナーに出席したり、本を読んだりして勉強しています」

と肯定的な言葉を使っているAさんと、

「嫌いな仕事は絶対したくない。だって、やりがいを感じられないし、人生の時間をムダにしている気がするから」

と否定的な言葉を使っているＢさんを比べたら、どちらがいい印象を与えるでしょうか。

答えは、肯定的な言葉、つまりプラスの言葉を使っているＡさんだと思います。

人は、Ａさんのような言い方を聞くと、「努力していて偉いな」とほめてあげたくなったり、「応援しています」とエールを送りたくなったりします。

実際、「私でよければ、何か協力しますよ」といい話を持ちかけてくれる人が現れて、思いをカタチにするキッカケがつかめる可能性も高くなります。

一方で、Ｂさんのようないい方をされると、言葉の中にマイナスのエネルギーが多く含まれているため、聞いているほうもあまりいい気はしません。

それに、嫌いな仕事をしている人が聞いたら、「嫌いな仕事の何がいけないの？　生活のために必要だから働いているのに」と反感を買ってしまう恐れもあります。

同じ思いを持っていても、言葉の使い方が違うだけで現実が変わってきます。

意識してプラスの言葉を使うように心がけていくことが大切です。

45 グチや不満は、なるべく口に出さない

グチはいかなる理由があろうとも、決して役には立たない。
——エマーソン　思想家

プラスの言葉を使うよう心がけていても、ついグチや不満が口から出てくることがあります。

私たちの日々の生活は、ストレスの原因になることがたくさんあるからです。毎朝ぎゅうぎゅう詰めの通勤電車に揺られて職場に行くだけで、ドッと疲れてしまいます。

さらに、職場で仕事をしていても、お客様からクレームを受けたり、上司に叱られたりすれば、落ち込んでしまうことでしょう。

「仕事でストレスが溜まったから、プライベートで発散させよう」と思っても、そう簡単ではありません。

新聞に目を通しても、暗いニュースばかりです。

また、人によっては手間のかかる家事をこなさなければなりません。

こんな毎日がずっと続けば、誰でも「つらい」「疲れる」「イヤだ」「ムカつく」「つまらない」といったマイナスの言葉を使いたくなってしまうでしょう。

しかし、**思いをカタチにするためには、このようなマイナスの言葉はなるべく使わないほうがいい**のです。


グチや不満をいうと、一時的にストレスが発散されたような、スッキリした気分になりますが、それは長くは続きません。

実際は、心の中にマイナスの感情が増えるだけで、ますますストレスのかかる出来事に見舞われます。

それと同時に、**願いをかなえるために必要な「運」も逃げてしまいます。**

どんなときも、グチや不満を口に出さないことを、習慣にしていきましょう。

46 他人の悪口やウワサ話をすると自分の評価が下がる

人の前で、
軽々しく他人を非難するような言葉を
口にしてはならない。
――武田信繁　戦国時代の武将

悪口やウワサ話が好きな人は多いものです。

人が数人集まれば、悪口やウワサ話の類いは必ず出てくる、といっても過言ではありません。

社交的な性格の早百合さん（仮名・27歳）は、友人の中でも、いつも輪の中心にいるようなリーダー的存在でした。

彼女は、「友人と海外旅行に行きたい」「仲良しの友人たちと一緒にシェアハウスに住みたい」というような思いを持っていて、「ねえ、一緒にどう？」などといっては、しょっちゅうそのことを話題にしていました。

しかし、彼女の考えに対して「へえ、そうなんだ」と相づちを打ってくれる人はいても、実際に「海外旅行の計画を立てようよ」「一緒に住むと、毎日楽しそうだよね」と同意してくれる人は現れませんでした。

なぜなら、彼女にはその場にいない友人の悪口をいうクセがあったからです。

つまり、友人は多いのですが、あまり好感を持たれていなかったのです。

彼女は好奇心が旺盛で行動力があるなど、長所も多いのですがマイナスの言葉のせいで人からの信頼を失っていたのです。

人はややもすると、人の悪口をいいやすいという性質を持っています。

ですから、悪口やウワサ話をしないようにするためには、自分で意識してプラスの考え方をすることが大切です。

いずれにしろ、**思いをカタチにしたいなら、他人の悪口をいわないのはもちろんのこと、そのような会話にもなるべく参加しないことをおすすめします。**

悪口は心にマイナスのエネルギーを増やし、自分の評価まで下げてしまうので、絶対に避けたほうがいいのです。

47 マイナスの言葉を発したら、すぐに取り消す

やってしまったことは「しかたがない」。

これからどうするかだ。

——小野田寛郎　陸軍軍人

グチや不満、悪口をいわないに越したことはありません。

しかし、マイナスの言葉をいい慣れている人にとって、いきなり「グチや悪口をやめよう」と決めたところで、なかなか難しいのもまた現実です。

「今日もまた飲み会で、上司の不満をいってしまった」「久しぶりに友人と長電話をして、グチを延々と語ってしまった」と落ち込んでいる人もいるでしょう。

こういうときに気をつけてほしいのが、**たとえマイナスの言葉を発してしまったとしても、「いつまでたっても私はダメだな」と必要以上に落ち込まないこと**です。

自分を責めても、心の中にマイナスの感情が増えるだけなので、余計、思いをカタチにしにくくしてしまいます。

それよりも、**マイナスの言葉をうっかり使ってしまったときは、すぐにプラスの言葉を使って取り消すことが大切**です。

たとえば、体調があまり良くないときは、マイナスの言葉が出やすくなります。

そんなとき、自分より先に思いをカタチにしている友人に会ったら、「最近、原因不明の頭痛に悩まされているの。それに比べてあなたは元気でいいわね。私のつらい気持ちなんて、わからないでしょう」などと嫌味をいってしまうかもしれません。

こんなときは、「しまった。イヤな言い方をしてしまった」と気づいた時点で、「ごめんなさい、言い過ぎました。今後は気をつけるね」とひと言お詫びをすればいいのです。相手に直接いえないときは、心の中でお詫びの言葉をつぶやいてもいいでしょう。

マイナスの言葉を発しているのに、たいして反省もせずに、「しょうがない。相手も悪い」と開き直るのが一番良くないことです。

ときどき失敗しながらも、あきらめずにプラスの言葉で取り消し続けていれば、いずれプラスの言葉を使う習慣が身につきます。

そして、自然にプラスの言葉を使えるようになった頃には、かなえたい思いがカタチになっていくはずです。

48 マイナスの言葉を使う場面でも、プラスの表現に置き換える

どんな場合も、
ひと言めは必ず明るい言葉をいうことだ。
——斎藤茂太　精神科医・随筆家

ある程度プラスの言葉を使うことが習慣になってきたら、次に身につけてほしいのは、**どんな場面でもプラスの表現に置き換えて会話をする**、ということです。

普段生活していると、どうしてもマイナスの言葉を使わざるをえない状況に見舞われます。しかし、言葉の表現方法をちょっと工夫できるようになると、自分の望む思いをカタチにしやすくなるのです。

マッサージ師の玲子さん（仮名・28歳）は、専門学校で国家資格を取ったあと、治療院に勤めて、実績を積み重ねてきました。

しかし、次第に「フリーランスになって、自分が得意なオイルマッサージで生活していきたい」という思いが強くなり、ついには独立を果たしました。

元々、彼女のマッサージにはファンの女性が多く、すぐに仕事は軌道に乗りました。

しかし、あまりに施術の予約が入り過ぎるため、「申し訳ありません。現在予約は取れない状況です」とお断りすることが増えてきました。

そんな対応を半年続けた結果、予約の電話がめっきり来なくなってしまったのです。

焦《あせ》った彼女は、フリーランスで成功している先輩のマッサージ師に相談しました。

すると、「少し先になりますが、来月の初旬でしたら予約を承ることができます。私のほうから連絡いたしますので、お待ちいただけますか？」という言い方に変えるようにアドバイスされたそうです。

「自分のいい方でお客様に不快感を与えてしまった」と反省した玲子さんは、アドバイスの通りにいい方を直し、今では事業も収入も安定するようになったといいます。

「物も言いようで角が立つ」ということわざもあります。

最初は難しく感じるかもしれませんが、慎重にプラスの言葉を選ぶようにするだけで、相手にも自分にもプラスに働きます。

49 余計なことをいわないように気をつける

日頃の言葉づかいを吟味しましょう。
何気ない言葉づかいが、
人に不快感を与えていることだってあるのです。
――ジョセフ・マーフィー　思想家

スペインのことわざに「言葉による傷は一番治りにくい」というものがあります。

たとえば、道を歩いているときにつまずいて転んでしまい、膝をすりむいてしまったとしましょう。転んだ直後は「痛かったな」とちょっと落ち込むかもしれませんが、たいていの場合は数日か、遅くても数週間もすれば治ってしまいます。

ところが、言葉で受けた精神的な傷はいつまでも心に残ります。

いわれた人の心には、悲しみや怒りといったマイナスの感情が確実に増えます。

中には、いわれた言葉をなかなか忘れられず、ことあるごとに思い出しては、「なぜあんなことをいわれたんだろう……」とさらに傷を深めてしまう人もいます。

さらには、「ひどいことをいわれた」とその人を恨み続ける人だっているかもしれません。

思いをカタチにするためには、人に好かれることがとても大切です。

なぜなら、**思いをカタチにするキッカケをくれるのは、周囲の人だから**です。

加代さん（仮名・25歳）は、悪気はないのですが、思ったことをそのまま口に出してしまうというクセを持っていました。

たとえば、同僚が仕事でちょっとしたミスをしてしまったときに、「またミスしたの？　あなたって本当にドジよね」といってしまいます。

また、友人が彼氏と別れたときは、「〇〇ちゃんの彼氏が浮気したせいで、二人は別れたのよ」と周りの人にいいふらすのです。

加代さんには、「今すぐにでも結婚して、早くママになりたい」という夢があり、周りの人もそのことを知っていました。しかし、彼女に男性を紹介してくれる人はいませんし、特定の彼氏もできない状態です。

加代さんのように余計なひと言で損している人はたくさんいます。

思いついても口にしないほうがいいこともあるのです。

50 自慢話をしないようにする

つねに謙虚であるならば、
ほめられたときも、けなされたときも
間違いをしない。

——ジャン・パウル　小説家

仕事で成功したり、幸せな結婚をしたり、夢がかなったりしたときは、必ずといっていいほど嫉妬《しっと》する人が出てくるものです。

これまで仲良しだった人から急に距離を置かれたり、陰で根も葉もないウワサを立てられたりするかもしれません。

または、「あなたが成功したのって、親のコネでしょう?」「そんなに美人でもないのに、よく結婚できたね」などと心ないことをいわれるかもしれません。

しかし、「出る杭は打たれる」ということわざがあるように、成功すればするほど嫉妬をされるのは、ある意味当たり前のことなのです。

嫉妬されてつらいときは、今それだけ、自分が特別で輝いている存在なのだと理解

するといいでしょう。

とはいえ、ときとして嫉妬される側にも原因のある場合があります。

「軽い気持ちで起業したら、あっという間に大金持ちになった」

「今まで彼氏がいなかった時期がないの。別れた直後に、必ず誰かから告白されるから。ちなみに、今おつき合いしている彼氏は大企業に勤めていて、英語が堪能な人」

このような言い方は、本人からすれば事実を話しているに過ぎないのでしょうが、話を聞いている側にとっては、「今のは自慢？」と嫌な気分になるものです。

特に、願いがかなったときは、こんな言い方をうっかりしてしまいがちなので注意が必要です。

成功していて、周りの人に好かれている人ほど、自慢話はしないものです。

なぜなら、自慢話をすると余計な恨みを買ってしまうのを知っているからです。

たとえ「すごいですね」「素晴らしいですね」とほめられても、調子に乗らないことです。

何かで成功しても、**「ありがとうございます。みなさんのお陰です」と謙虚に対応することが大切**です。

51 いいたいことは穏やかに伝える

相手を説得する場合、激しい言葉を使ってはならぬ。結局は恨まれるだけで物事が成就できない。

——坂本龍馬　志士

願いをかなえるには、心に湧いてくるさまざまな感情をコントロールすることが大切です。

人間には「喜怒哀楽」の感情があります。

その中でも、怒りの感情を上手にコントロールできるようになると、思いをカタチにできる可能性がグンと高くなります。

私たちは、ムカッときたときに、つい怒りの言葉を表に出してしまうものです。

しかし、**「短気は損気」**ということわざもあるように、怒ることは損なことです。

その証拠に、「怒りっぽい人」が周囲から好かれているという話はあまり聞いたことがありません。誰しも、自分に怒りのエネルギーを向けられるのがイヤだからです。

とはいえ、怒りの感情をそのまま溜め込んでしまうのもよくありません。やはり、どんな状況でも必要があればいうべきことは言っておいたほうがいいのです。

そこで重要になってくるのが、穏やかな言い方を身につけるということです。

イベント会社に勤める泉さん（仮名・29歳）は、若いときから仕事ができるため、30歳を前にして数人の部下を抱えていました。

彼女には「出世して、自分の企画でイベントを成功させたい」という思いがあり、それを実現させるためには、周りの人の協力が必要不可欠だと考えています。

そのため、たとえ部下にイライラすることがあっても、怒りを口に出しません。

たとえば、仕事が遅い部下に対しては、「何かわからないことがある？　遠慮しないで聞いてね」と声をかけて、遅い原因を確かめようとします。

ミスをした部下がいたら、「同じことを繰り返さないためにも、なぜミスをしてしまったのか一緒に考えましょう」というだけで、ネチネチと責めることはありません。

彼女のように、自分の気持ちを穏やかな言葉で伝えられるようになると、ストレスも溜まりませんし、周囲からの印象もかなり良くなります。

52 丁寧な話し方を身につける

言葉の使い方ひとつで、
相手との関係はガラリと変わるようになります。
――ジョセフ・マーフィー　著述家

会話が上手な人には魅力的な人が多いといえます。

話題が豊富で人を飽きさせることがない人や、ユーモアのセンスが抜群でいつでも楽しませてくれる人などがその典型です。

しかし、思いをカタチにするためには、そこまで高いレベルの会話術を身につける必要はありません。

いつでも人を飽きさせないとか、ユーモアのセンスといったものは、元々の才能が物をいうケースが多く、そうそう真似できることではないからです。

それよりも、自分の話し方のクセを見直して、悪いところを少しずつ改善していくほうが無理なくできるはずです。

そのために目標としてほしいのが、**「丁寧な話し方を身につける」ということ**です。「丁寧な話し方」といってパッと思いつくのは敬語ですが、完璧にマスターするのは至難の業です。敬語は、必要最低限話すことができればいいのです。

それに、敬語というのは目上の人に対して使う場合には問題ありませんが、対等な相手に対して使い過ぎるとギクシャクした関係になることがあります。

「礼も過ぎれば無礼になる」という言葉がありますが、礼儀正し過ぎるのも、かえって相手を困らせてしまうことになるのです。

今すぐできることは、**同じ意味を持つ言葉でも丁寧なほうを選ぶ**ということです。

たとえば、自分の思いを誰かに話すときに、「この夢、超いいと思わない？　絶対かなえてみせるから！」という言い方をしていたとしたら、「自分の夢を気に入っています。必ずかなえたいと思っています」と言い換えてみてください。

それだけで、以前のいい方より、相手にいい印象を与えると思います。

大切なのは、会話の中から品のない言葉を減らしていくことです。

ちょっと意識すれば簡単にできることなので、ぜひ試すといいでしょう。

53 「ありがとう」の言葉を積極的に口にする

深い思いやりから出る感謝の言葉をふりまきながら日々をすごす。
これが友をつくり、人を動かす妙諦である。
――デール・カーネギー　作家

思いをカタチにするのが上手な人がよく使っている言葉のひとつに、「ありがとう」があります。

「ありがとう」は、数ある言葉の中でも、プラスのエネルギーが最も大きい特別な言葉です。つまり**「ありがとう」がいえる人は、願いがかないやすい**のです。

いろいろなことがうまくいったとき、私たちは往々にして「自分が努力したからだ」と考えがちです。

しかし、冷静になって考えてみると、その陰には、たくさんの人の優しさや親切心が存在していたことがわかります。

「資格のセミナーに出るときに、同僚の○○さんが残業を代わってくれたり、勉強で忙しいときに、友人が料理や掃除を手伝ってくれた」

「私の長所にいち早く着目してくれた同業者の○○さんが、『彼女は本当にいい仕事をしますよ』とあちこちにアピールしてくれた」

　こういう人たちに対して、「ありがとうございます。あなたのお陰で思いをカタチにすることができました」と感謝の気持ちを伝えましょう。

「ありがたい」という気持ちを持っていても、直接、その気持ちを口にしなければ相手には伝わりません。

「以心伝心」という言葉がありますが、かなり親しい間柄でもない限り、お互いの気持ちが通じ合うことはないのです。

「あの人はいわなくてもわかってくれるはず」と黙っていては、伝わらない場合がほとんどです。

「ありがとう」と直接言うことで、相手は喜び、「また、この人の役に立ちたい」と思ってくれるものです。

　どんなときも、お世話になった人に対する感謝の気持ちを忘れないために、「ありがとう」という言葉を進んで口にするとよいでしょう。

第6章

運が良くなるライフスタイルを送る

54 生活リズムを見直してみる

テンポがくずれ、音のバランスが狂うと、
甘い音楽も不快なもの。
人の暮らしも同じなんだ。
――シェークスピア　劇作家

思いをカタチにするためには、日頃のライフスタイルに着目することも大切です。

意外に思う人もいるかもしれませんが、日々の生活リズムが乱れていると、心の中にマイナスの感情が増えてしまうので、運気が下がってしまいます。

「いつもスケジュールがぎっしりと埋まっていて、慌《あわ》ただしく毎日が過ぎていく」

「仕事が忙しいため、食事を取る時間がバラバラで、睡眠時間も少なくなりがち」

「休日は、家でテレビを見ながらダラダラするだけで終わってしまう」

たとえば、このような生活リズムが習慣になっていると、余計なストレスが溜まりやすくなります。

あまりにも忙しい生活は、肉体的にも精神的にも疲れるからです。

「たくさんやることがあって、充実している自分」「思いをカタチにするために努力している、ポジティブな自分」という意識から、忙しい生活を誇りに感じる人もいるかもしれません。

しかし、体力には限界があるので、よっぽど元気な人以外は、ほどほどに忙しいくらいのほうが、ちょうどいいことが多いのです。

その反対に、一日中寝ていたり、何もせずにダラダラ過ごしたりしている人がいますが、休んでばかりでも問題があります。

なぜなら、人間は必要以上にじっとしていると、心がマイナスに傾くからです。

ふとイヤなことを思い出したり、悩み事について考え過ぎたりしてしまうのは、たいてい暇なときです。

ですから、**「思いをカタチにしたいのに、うまくいかない」と悩んでいる人は、一度生活リズムを見直してみることをおすすめします。**

見直すポイントは、起きる時間と寝る時間、１日の睡眠時間、食事の内容、運動の量、仕事とプライベートのバランスなどです。

生活リズムを上手に整えることができると、心の状態がプラスに安定するのです。

55 頑張るよりも、リラックスすることを優先する

仕事から離れて、リラックスする時間を取ることは良いことだ。

というのは、ふたたび仕事に戻ってきたときに、よりよい判断ができるからだ。

――レオナルド・ダ・ヴィンチ　芸術家

思いをカタチにしたいあまり、つい自分を追い込んでしまうことがあります。

「せっかくここまで続けてきたんだから、何が何でも成功しなければ意味がない」

「成果を出すためには、多少無理をしてでも頑張らなくてはいけない」

このような気持ちがあると、焦《あせ》りを感じやすくなります。

しかし、焦ってしまうと、何をするにも緊張してしまい、普通の状態であればうまくいきそうな仕事でも失敗することが多くなります。

そうなると、「なぜ、うまくいかなかったのだろう」と焦りの気持ちがいっそう強くなり、ますます「頑張らなくてはいけない」という衝動にかられるようになります。

これでは、ストレスやプレッシャーが大きくなっていくだけです。

それならば、必要以上に「頑張らなくては……」と自分を奮い立たせるよりも、「頑張れないこともあるけど、マイペースでやっていこう」という気持ちでいるほうが、リラックスできるようになるのではないでしょうか。

実のところ、**思いをカタチにするためには、頑張り過ぎるよりもリラックスすることが大切なときもあります。**

たとえば、スポーツの世界では、勝負が決まる大事な場面でこそ、リラックスして挑むほうがいい結果につながるといわれています。

ですから、焦りを感じたときこそ、「思い切って、リラックスしよう」と気持ちを切り替えてみてほしいのです。

ストレッチをして、筋肉を伸ばしたり、外に出て深呼吸するのもリラックスするためのいい方法です。

私たちの心と体は、ずっと緊張し続けることはできないという性質を持っています。それなのに、無理に頑張ろうとするのは自然に反しています。それは、ストレスに変わります。

自分に合った方法を探して、リラックスする時間を優先的に取りましょう。

56 調子が悪いときは、ゆっくり休む

疲れたら憩《やす》むがよい、
彼らもまた、遠くはゆくまい。
——尾崎一雄　作家

日本人は「頑張ること」を美徳に考えている人が多いといわれています。そのせいか、調子が悪いときでも、調子がいいときと同じように頑張ろうとする傾向が強いようです。

しかし、中には生まれつき、体調や気分の浮き沈みが激しい人もいます。そういう人は、調子がいいとき気力にあふれていて、頭も冴えているので、思いをカタチにするために積極的に行動することができます。

ただ、逆に調子が悪いときは、何をするにもモチベーションが上がらず、何かを実行しても失敗してしまいがちです。その上、マイナス思考になりやすく、体調をさらに崩すことさえあります。

もし、あなたがそういうタイプの人であるならば、**「何だか調子が悪いな」と感じたときは、ゆっくり休む時間を取ることをおすすめします。**

育美さん（仮名・28歳）は、食品メーカーの会社員をしながら、プライベートの時間は星占いを勉強しています。そして、休日は占い師としてもわずかながら収入を得る多忙な生活をしていました。

「いずれは占い師として本を出版したい」という思いを持っていた彼女は、毎日パワフルに活動していましたが、ある日突然会社で倒れてしまい、入院することになってしまったのです。

原因は、過労でした。体調が悪いときでも、「休んではいられない。時間がもったいない」と無理して仕事をしていたことが災いしたようです。

思いをカタチにするためとはいえ、休みもなく働き続けるのは、心と体に大きな負担をかけることになります。

健康な身体は、すべての資本です。頑張ることも大切ですが、ゆっくり休むことも同じくらい大切なのです。

57 毎日の生活に「気持ちいいこと」を取り入れる

人生のあらゆる活動について効率的であるための秘密は、
最大限に活動しながら、最大限にリラックスするということです。
――オルダス・ハクスリー　作家

近頃は、街を歩いていると、マッサージや整体、エステのお店がたくさんあります。専門家にいわせると、「コンビニエンスストアよりも多い」状態だそうです。

このようなお店が流行するのは、日常生活で疲れている人が増えていたり、ストレスを癒したい人が多いのが理由だと思います。

でも中には、「家にいるだけだと完全にリラックスできないから、マッサージに通っている」「体を快適な状態にキープするため、定期的にエステに行く」という積極的な理由を持つ人も増えているのではないでしょうか。

外資系企業で働いている雅子さん（仮名・27歳）は、「外国で働きたい」という思いを持って日々努力しているステキな女性です。

そんな彼女に、「思いをカタチにするために、欠かさずしていることはありますか？」と、街でたまたまテレビリポーターが質問したとき、彼女は次のように答えていました。

「仕事が忙しいときでも、月に2回はマッサージに通うようにしています。疲れを溜めるとモチベーションが下がるので通っていますが、何よりも体をほぐしてもらうと気持ちよくなって、気分も上向きになりますからね」

彼女のように**思いをカタチにするために、彼女のように、自分が「気持ちいい」と思えることを生活に取り入れるのはとてもいいアイディアです。**

とはいえ、マッサージやエステに頻繁に通うのは、お金もかかるので誰にでもできるわけではありません。

そこで、自分自身で手軽にできる方法を探してみることをおすすめします。

たとえば、ウォーキングやストレッチをして、身体を動かすのはどうでしょうか。これなら、すぐにでも始めることができます。

また、お風呂に入るときに、アロマオイルを使ったり、自分でマッサージをしたりすることも、簡単で高い効果があります。

58 「身体に良いことをする」習慣を身につける

志を守り抜く工夫は、
日常茶飯の自己規律にある。
――司馬遼太郎　小説家

体調がいいと、それだけで気持ちが快適になるため、自然と心にプラスの感情が増えていきます。

ですから、**体調を整えることも、思いをカタチにするためには効果的**です。

簡単にできる方法として、「食べ過ぎ」「飲み過ぎ」にならないように注意する、ということがあります。

「好きなときに、好きなものを好きなだけ食べる」というのは魅力的な話です。

しかし、本来、人間の身体にとっての理想的なのは、菜食を中心とし、腹八分目の量を心がける食生活です。

現代では、食生活を始めとして、必ずしも健康的とは呼べない習慣が日常生活にたくさんあります。ですから、健康を保つためには、意識的に身体に良い習慣を身につけることが必要不可欠になります。

「ファッション雑誌のライターになりたい」という思いがある宏美さん（仮名・25歳）は、情報交換のためにしょっちゅうお酒の席へ顔を出していました。

そのため、次の日は二日酔いで、午前中の仕事をだるいままこなすことがよくありました。

しかし、不規則な食生活で胃腸を悪くしたのをきっかけに、食べ過ぎや飲み過ぎをした翌日は食べ物をあまり摂らないようにしたり、甘いものを控えたりするようにしました。

すると、以前より体調がグンと良くなり、午前中も効率良く仕事ができるようになったのです。そして、念願だったファッション雑誌から単発の仕事を頼まれるようになりました。

思いをカタチにするためには、自分の健康状態に気を配ることが重要です。

59 趣味に打ち込む時間をつくる

人はみな深く根をおろした興味や趣味を持つべきだ。

精神は豊かになるし、生活がぐっと楽しくなる。

——デール・カーネギー　作家

「思いをカタチにするために努力しているけど、最近行き詰まっている」

「目標に向けて努力する毎日で、他に何も楽しみがない」

このような悩みを抱えている人は、何か趣味を見つけて、それに打ち込む時間をつくることをおすすめします。

思いをカタチにするための労力や時間を惜しまないのは素晴らしいことです。

しかし、どんなに重要な目標のためでもずっと同じ努力ばかり続けていると、次第にストレスが溜まっていきます。

そういうときは、**まったく関係のないものに打ち込むと、いい気分転換ができて、さらにいい結果を引き寄せることにつながります。**

桜子さん（仮名・27歳）は、子どもの頃にバイオリンを習ったのをきっかけに、クラシック音楽に目覚めました。学生時代は市民オーケストラに参加するほどの熱中ぶりでしたが、現在は「メイクの講師になりたい」という思いを実現させるのに忙しく、しばらく音楽から遠ざかっていました。

しかし、メイクの仕事は想像以上に大変で、彼女は「自分に本当に向いているのかな？　続けられる自信がない」と悩むことが多くなりました。

そんなある日、音楽仲間から「コンサートにおいでよ」とお誘いを受けました。「少しは気がまぎれるといいな」と思った桜子さんは、コンサートに足を運んでみることにしました。すると、久しぶりに触れる生演奏を前に感動して、溜まっていたストレスが消えてしまったのです。

それから、桜子さんは音楽を再開しました。仲間のすすめで、楽器を練習したり、ときどきオーケストラに参加したりして、メイクの仕事と上手に両立させているそうです。

手帳にワクワクする予定を書き込むだけで、心にはプラスの感情が増えていきます。仕事だけでなく、自分のために「楽しいアポイントメント」を入れましょう。

60 思いを実現させるための貯金をする

人皆貨財は富者の処に集まると思へども然らず。

節約なる処と勉強する所に集まるなり。

――二宮尊徳　農政家

思いをカタチにするためには、お金についてきちんと考えることも大切です。

当然のことですが、私たちはお金がないと満足な生活はできません。

とくに、願いを実現させるためには、何かとお金がかかるものです。

そこでおすすめしたいのが、**かなえたい願望のために「貯金」をすること**です。

ＯＬの妙子さん（仮名・24歳）には、「映像をつくる仕事をしたい」という強い思いがありました。

そのため、大学生のときから映画製作会社でアルバイトをしていますが、実際は雑用を頼まれるばかりでなかなか経験を積むことはできません。

「本格的に映像製作を学ぶためには、映像の専門学校へ行ったほうがいい」と実感した彼女は、学校へ入学するための資金を貯めることにしました。

しかし、貯金といっても、彼女の収入は多いわけではないので、一度にたくさんの額を貯めることはできません。そこで、節約にチャレンジしてみることにしました。たとえば、ほしいものがあったときはすぐに買うのではなく、「本当に、必要なものだろうか？」とじっくり考える時間を取るようにしました。

また、これまで多忙を理由に外食中心の生活をしていましたが、ムダな出費を抑えるために、なるべく自炊をするように心がけました。

そんな小さな努力が実を結び、彼女は１年後に無事、入学資金を用意することができたのです。こうした例はさておき、本来であればある程度の額のお金が常に手元にあるのが理想といえるでしょう。

ですから、「今はこれといってやりたいことはない」と思っている人は、貯金を習慣にしてほしいと思います。

お金が必要な場面ですばやく出せる人は、チャンスをすぐに活かせます。つまり、思いをカタチにできるスピードも早くなるのです。

61 本を読む

読書は身体にとっての運動と同様の効果を、精神にもたらす。

――ジョゼフ・アディソン　作家

「少年老い易く学成り難し」ということわざがあります。

若くて元気なうちは、「まだまだ先があるから大丈夫」と好きなように遊んでしまいがちですが、人間はあっという間に年を取ってしまい、使える時間も限られてくるから、今のうちから勉強に励んだほうがいい、という意味です。

思いをカタチにしたい人であれば、自分が目指す目標に関しての勉強は熱心にすると思います。

もし、まだやりたい目標が固まっていないなら、**「何か自分に役立ちそうだな」と、直感で感じたことでよいので勉強してみてください。特に効果があるのは読書**です。

会社員から高級レストランのウエイトレスに転身をした輝美さん（仮名・29歳）は、

学生時代から読書をする習慣がありました。

「最初は就職活動のためにしぶしぶ書店に立ち寄っていた」という彼女ですが、試しに読んでみた外国のビジネス書に感動してからというもの、毎週のように本を購入し、勉強するようになったそうです。

「本は、５００円くらいから、高いものでも２０００円程度で手に入ります。それなのに、１冊の中に情報がたくさん詰まっています。こんなにお得な勉強法はないと思います」

そう断言する輝美さんが、「憧れのお店のウエイトレスになる」という思いをカタチにできたのは、お店のオーナーに「あなたは物知りで会話上手だから、お客さんを喜ばせることができる」と見込まれたのがキッカケでした。

読書を通して勉強する習慣ができていたことが功を奏したのです。

勉強している内容はすぐに役に立つわけではありませんが、決してムダにはなりません。実際、輝美さんのように、勉強してきた成果が思わぬところで自分に返ってくることはよくある話なのです。

62 情報をシャットアウトする時間をつくる

ある程度孤独を愛することは、静かな精神の発達のためにも、
また、およそ真実の幸福のためにも、絶対に必要である。
——カール・ヒルティ　哲学者

誰でも、ときどき「ひとりになりたい」と思うものです。なぜなら、私たちは、自分の心と対面する時間が取れないと、自分自身がわからなくなってしまうからです。

ひとりになりたいと思うのは、それを本能的に感じているのです。

「自分はこれからどんなふうに生きていきたいのか？」「思いをカタチにするためには、どうしたらいいのか？」という疑問を真剣に考えることができるのは、やはりひとりきりで過ごす時間です。

しかし、「ひとりで静かに、自分の心と向き合う時間を持つ」といっても、「忙しくてそんな時間はない」と答える人が多くいます。

昼間は仕事、夜は家に帰ってテレビを見たり、お風呂に入ってすぐに寝るという、

毎日を忙しく過ごしている人が多いのでしょう。

そんな人におすすめしたいのが、**１日の中で時間を決めて、すべての情報をシャットアウトするひとときを持つこと**です。

ひとりになれなくても、かまいません。昼休みに近くの公園やカフェに行き、携帯電話のスイッチを切って、深呼吸をしてから、自分のことだけを考えてみましょう。

それだけでも、心を落ち着かせる効果があります。

明美さん（仮名・26歳）は、１日のうち1時間は、携帯電話とパソコンの電源をオフにして過ごすそうです。

最初のうちは、「大事な電話やメール連絡があったらどうしよう……」と心配していましたが、今のところ大きな問題は起こっていません。

それよりも、静かな時間を確保できたことで、自分の思いについて深く考えたり、将来の夢に向かって計画を立てられるようになり、自分の思いに自信が持てるようになったそうです。

「忙しい」という前に、「静かな時間を自分で確保する」という意識を持つことが大切です。

第7章

行動すると迷いがなくなる

63 自ら行動を起こさなければ、思いはカタチにできない

何もしないうちからあれこれと悩むのはナンセンスです。
いざ行動に移せば、すんなりと問題が解決することのほうが多いのです。
――ジョセフ・マーフィー　著述家

思いをカタチにするためには、行動を起こすことが絶対に必要です。

「犬も歩けば棒に当たる」ということわざがあります。

このことわざは、「犬はあちらこちらに歩き回るから、人が振り回す棒に当たってケガをする」という意味にちなんで、「下手に行動すると、災難に遭うので、じっとしていたほうがいい」という教えとして使われていました。

しかし、現在では「当たる」という言葉がプラスの印象にとらえられているようで、「行動しているうちに、思いがけない幸運に出合うことがある」という反対の意味で使われるようにもなっています。

それは、積極的に行動を起こせば、思いをカタチにしやすくなるということです。実際、幸運な出来事は、「棚からぼた餅」を期待してじっと待っていても、巡っては来ません。行動に移してこそ出合えるものです。

宝くじを例に考えてみましょう。

宝くじに当選するためには、「宝くじ売り場へ行き、お金を払って宝くじを買う」という行動を起こすことが必要最低限の条件になります。

「宝くじが当たればいいな」という願望を持っているだけだったり、「宝くじが当たったら、何に使おうかな？」と友だちと盛り上がっているだけでは、当たるチャンスは巡って来るはずがありません。

思いをカタチにするときも同じことがいえます。

いくらステキな願望を抱いていても、それを実現するための行動を起こさなければ、状況は何も変わりません。

最初のうちは、小さな行動を起こすだけでいいのです。どんなに小さなことでも、何もしないよりはずっと意味があります。

面倒くさがらずに、自分から行動を始めることが大切です。

64 どんなことでも、とりあえず試してみる

自分の正しいと思うことは、どんどんやりなさい。
――盛田昭夫　実業家

思いをカタチにするため、何か行動を起こそうとしても、「自分にできるかどうか、わからない」「自分に向いていなかったら、どうしよう」などと不安になることがあると思います。

このタイプの不安を乗り越えるためには、あまり深く考えずに、やりたいと思ったならとりあえず試してみることをおすすめします。

「物は試し」ということわざもあるように、**どんなことでも実際にやってみなければ、「成功するか、失敗するか」「自分に向いているか、向いていないか」はわからないものです。**

それならば、最初から不安など気にせずに、とにかく行動を起こしてみてから、本

当にその思いをカタチにしたいかどうかを判断しても遅くはありません。

久美子さん（仮名・30歳）は、これまでさまざまな仕事を経験してきました。社会人になりたての頃は、商社で経理を担当していましたが、「もっと自分に向いている仕事がある気がする」と感じ、旅行代理店に転職しました。

その会社ではツアーの企画を担当していましたが、次第に「自分がお客様をツアーにご案内してみたい」という思いが大きくなってきました。そして、現在ではその願いをかなえて、国内旅行専門のツアーコンダクターをしているそうです。

「どんな仕事でも、『やってみたい』と思って試してきたら、最後に好きな仕事が残りました」と久美子さんは笑顔で話してくれました。

思いをカタチにしている人は、彼女のように「Aを試してみたけど合わないからB、Bも合わないからC」というように、「ダメで元々」という気持ちで次々と行動を起こしている人が多いのです。

最初から自分の希望通りに思いをカタチにできるとは限りません。

あれこれ悩まずに、気になることは素直にチャレンジしてみましょう。

65 直感を頼りに動いてみる

最も大切なのは、
自分の心と直感に従う勇気を持つことです。
——スティーブ・ジョブズ　実業家

思いをカタチにするために本気のスイッチを入れて、実際に行動を始めると、これまでよりも直感が鋭くなります。

本気になると、脳の内部に変化が起こり、そのときの自分に必要なメッセージを感知しやすくなるのです。

ですから、日常の中で、「どうも、この場所が気になるな」と感じる場所があれば出かけてみたり、自分の思いとはあまり関係がなくても、「これ、いいな」と思ったことにはチャレンジしてみるといいでしょう。

理佐子さん（仮名・28歳）は、「インテリア・コーディネーターになりたい」という希望を胸に、住宅販売会社で働いていました。

そんなある日、大学時代の同窓会の案内が届きました。

これまでは「仕事が忙しいし、会いたい人とはいつでも会えるからいいや」と思って、「欠席」の返事ばかり出していましたが、今年はなぜか「出席してみようかな」という気持ちになったため、初めて大学の同窓会に参加してみました。

すると、たまたま隣の席だった同級生が、インテリア関連会社で働いていたのです。

理佐子さんが「実は、インテリア・コーディネーターを目指しているの」とその人に話したところ、「この世界で有名な先生を知っているから、今度紹介するよ」といってくれて、後日、本当に会わせてくれたのです。

そして現在は、これまでの仕事をするかたわら、ときどき先生のアシスタントとしてインテリアの勉強をさせてもらっているそうです。

このように、「同窓会に出たい」という直感に従って行動した結果、「いいこと」に出合う確率が高まったのです。

直感を頼りにするのは、難しいことではありません。

ただ、**自分にとって「快」か「不快」かのどちらかで決めればいいだけ**です。

66 フットワークを軽くする

何でも空想で考えず、
物にあたって活発にやるがよい。
――田山花袋　小説家

願いがかないやすい人の共通点に、**「フットワークが軽い」**ということがあります。

「会うたびに自分が決めた短期の目標をかなえていて、願望の実現に近づいている」

「いろいろな人からチャンスをもらっていて、願いを実現するスピードが早い」

こういうタイプの人は、思いついたことをすぐに行動に移したり、誰かに誘われたら気軽に行ってみたりして、自分で運を切り開いているのです。

純子さん（仮名・25歳）は、出不精で、何に対しても消極的でした。

たとえば、友人に「合コンあるからおいでよ」と誘われても、たいてい断ります。

なぜなら、「ステキな男性と出会うチャンスかも」、「いい人が見つかるかもしれない」というワクワクした気持ちよりも、「夜に出かけるのは疲れるから家にいたい」「知らない人たちの中にいても、緊張するだけだから行きたくない」というネガティブな気持ちのほうが勝ってしまうからです。

実は彼女には、「国内の美術館巡りをしたい」という思いがありましたが、フットワークが重いのが原因で、なかなか実現できないでいました。

しかし、あるとき新聞で、美術館巡りのツアーを利用している人の記事を読み、「これなら私にもできるかもしれない」と思い立ちました。

それからというもの、彼女はツアーの説明会へ足を運んだり、近所の美術館のセミナーに申し込んでみたりして、どんどん外へ出るようになりました。

すると、同じ趣味を持つ知り合いがたくさん増えました。

そして、その人たちから「九州の美術館に一緒に行きませんか？」と誘われたり、展覧会の割引券を譲り受けるようになり、あっという間に「国内の美術館巡りがしたい」という願いをかなえることができたのです。

今はフットワークが重い人も、少しずつでかまいません。昨日より今日、今日より明日と、行動範囲を広げていきましょう。

67 いったことは、なるべく実行する

発言し、
活動しなければならない。
――ゲーテ　詩人

「紺屋《こんや》の明後日《あさって》」ということわざがあります。

「紺屋」とは染め物屋さんのことです。染め物の仕事は天気に左右されがちなため、「明後日には仕上がります」といっておきながら、結局期限を延ばしてしまうことから、このことわざが生まれました。

つまり、「約束をしてもアテにならない」という意味で使われます。

しかし、この紺屋のことをあまり非難はできません。

「今週中に仕上げます」「明日中に電話します」などといっておきながら、実行するのを忘れている人も多いからです。

いった本人からしたら、軽い気持ちの発言で悪気はないのかもしれませんが、相手

がそれを本気で受け取り、期待していたら、「あの人のいうことは信用できない」と思われても仕方がありません。

ですから、いったことは、なるべく実行するようにしましょう。**たったそれだけのことでも、自然と行動力がついて、願望が実現しやすくなります。**

イラストレーターの絵里子さん（仮名・27歳）は、「いつか大きな仕事をしたい」という思いを持っていました。彼女は口下手なタイプでしたが、相手と約束をしたら必ず守ることを心がけていました。

あるとき彼女は、仕事の関係で知り合った女性社長から、「ホームページをつくってくれる人を探しているので紹介して」と相談を受け、「知っている人を紹介します」と返事をして、実際に後日、何人かを社長の元へ連れていきました。

口だけの人が多い中で、いったことをしっかりと守る絵里子さんの誠実さに感激したその社長は、「会社のイメージキャラクターを描いてほしい」と絵里子さんに仕事を依頼したのです。

こうして社長の信頼を得た絵里子さんは、「規模の大きな仕事をしたい」という思いを見事カタチにできたのです。

68 ひとりでも、勇気を出して行動する

私は大部分のときを孤独で過ごすのが、
健全なことであるということを知っている。
――ソロー　作家

「ランチメイト症候群」という言葉があります。

これは、「学校や職場で一緒に食事する相手がいない」という状況に不安を感じる心理のことをいいます。

この心理のポイントは、単純に「ひとりでいるのがイヤ」というよりも、「ひとりでいると、周りの人から『寂しい人間』『友だちのいない人』『魅力がない人』というふうに見られるのが恐い」という点にあります。

とくに、日本の女性には、この「ランチメイト症候群」にあてはまる人が多いそうです。

「行ってみたい場所があるけど、ひとりだと恥ずかしいから誰かを誘いたい」

「やってみたいことがあるけど、周りに『私もやりたい』といってくれる人がいないから、いまいちやる気が起きない」

カタチにしたい思いがあっても、こんな考えだと時間だけが過ぎていきます。

勇気のいることかもしれませんが、**本気で自分の思いをカタチにしたいなら、「ひとりでも行動する」という強い気持ちを持つことが大切**です。

派遣社員の真子さん（仮名・25歳）は、卒業旅行でハワイへ行ってからというもの、海外のリゾート地の大ファンになり、「今度はバリ島やプーケットにも行ってみたい」という思いを持っていました。

しかし、周りには同じ趣味を持つ友人がいなかったため、イベントに行ったり、旅行の情報を集めたりするのも、すべてひとりでやっていました。

そんなある日、いつものように行きつけのハワイアンカフェにひとりで出かけたところ、その店のバイトの人と意気投合し、格安でバリ島へ旅行する方法や、おすすめのリゾート地を教えてもらい、今度、一緒に行くことになったのです。

場合によっては、ひとりで行動するほうが、願望実現に近づけることもあるのです。

69 やる気が出ないときは、「締め切り」を決める

時間を最も有効に利用した者に、
最も立派な仕事ができる。
――嘉納治五郎　柔道家

思いをカタチにしたいのに、なかなかやる気が出ないときは、「この日までに取りかかる」というふうに締め切りを決めてしまうのもひとつの方法です。

私たちは、締め切りがないものに関しては、ついつい後回しにしてしまいがちです。

その点、仕事はたいてい締め切りがあるので、多少やる気がなくても、とりあえず取りかかることができます。

「来週までにやっておきます」と約束したのに、もし締め切りに間に合わなかった場合、仕事相手に迷惑がかかってしまうからです。

この心理を応用すれば、かなえたい願いに対しても、やる気のスイッチを入れることができます。

聡子さん（仮名・29歳）には、昔から「豪華な夜行列車に乗って、旅をしたい」という思いがありました。

しかし、「人気があって予約が取れないから、来年でいいや」と思っているうちに、彼女が一番好きな夜行列車が廃止されるというウワサが流れたのです。

「ここで動かないと、もう乗れないかもしれない」と感じた彼女は、行動することを決めました。

そこからはトントン拍子でした。夜行列車の予約を取るのは少し大変でしたが、会社の有給休暇はあっさり取れて、１カ月後には夜行列車の旅を実現できたのです。

ウワサの真偽はわかりませんが、「自分が乗りたい夜行列車が廃止される」という情報が、彼女にとって「締め切り」の役割を果たしてくれたのでしょう。

このように、**人は「いつまでにやらないといけない」という期限があると行動力が増すもの**です。

あまり堅苦しく考える必要はありませんが、目標を立てたら、「いつまでにやる」という締め切りを設定しておくといいでしょう。

70 すぐにできることを先延ばししない

今しなければならないこと、今できることを
先へ延ばすことをやめなさい。
人生で一番大切なのは「今」です。
――ジョセフ・マーフィー　著述家

できるだけ早く思いをカタチにしたいのならば、**行動を先延ばしにするのは避けたほうがいい**でしょう。

とはいえ、日常生活の中で「やらなければならないこと」が多いほど、「急いでいるわけでもないから、もう少しあとでやればいいか」と思ってしまうものです。

しかし、人は一度、物事を先延ばしにすると、次のこともどんどん先延ばしにしていく傾向があります。

そして、「あれとこれもやらなくちゃいけないのに、まだできていない」という状態が続くと、心の中にマイナスの感情が溜まり、次第に何をやるにも「面倒くさい」という気持ちが湧いてきて、本当にやらなくなってしまうのです。

ですから、最初が肝心です。「これは、明日にでもやればいいかな」と思ったとしても、「でも、やっぱり今日中にやろう」と思い直すことが大事です。

そのためには、すぐにできそうなことは、テキパキと終わらせる習慣を身につけましょう。

その訓練として、まず電話やメールの返事をすぐにするようにしてみることです。

相手から連絡を受けて、「すぐに返事をしたほうがいい」と思いながらも、「もう少しじっくり考えてからにしよう」とずるずる先延ばししてしまった経験があるかもしれません。

これからは、その場で返事を考えて相手に伝えることを心がけましょう。

「了解です。この日は参加できます」というようなハッキリした返事はできなくても、「今週中に正式な返事をしますので、少しお時間をください」というような伝え方をするのです。素直に自分の状況を伝えるだけでも、相手は安心します。

何でもすぐに返事をする習慣を身につけると、その他のことに対しても「すぐにやってしまおう」と考えるようになるので、行動のペースが早くなるのです。

71 自分に必要なことをコツコツ続ける

今日まで自分を導いてきた力は、
明日も自分を導いてくれるだろう。
——島崎藤村　詩人・小説家

かなえたい思いがあったとしても、ちょっと行動してみただけで、「現実は思っていたよりも厳しい」「他の人に比べて才能がないから、無理だとわかった」などといって、すぐにあきらめてしまう人がいます。

しかし、一度始めたことをきちんと継続していかなければ、思いをカタチにすることなどできません。

逆にいうと、**思いをカタチにできた人は、「現実は厳しい」「才能がない」といったマイナスの状況にもめげずに、自分に必要なことをコツコツと続けていった人たち**なのです。

派遣社員から「大好きな化粧品メーカーの美容部員になる」という願いをかなえた

美奈子さん（仮名・33歳）は、最初のうちは苦労の連続でした。

まず、派遣社員から化粧品メーカーへの転職活動をしているときは、先輩から「もう若くないのだから、今からでは遅過ぎる」といわれてしまいました。

それでも、努力の甲斐あり、化粧品のメーカーに採用してもらうことができました。

しかし、今度は、配属先の上司から「あなたは華がないから美容部員には向いていない」などと嫌味をたくさんいわれ、本人も「転職したのは失敗だったのかな……」と落ち込む時期もありました。

それでも、美奈子さんは「自分にできるのは地道な努力しかない」と思い直し、コツコツとお客さんと信頼関係を築いていき、今では、地域の店舗での販売実績がトップレベルになるほどに成長したのです。

途中でマイナスの感情に襲われても、自分が「やりたい」と思うなら、その先にいい結果が待っていると信じて、努力を続けましょう。

「これをやりたい」という気持ちには、逆境をはね退《の》ける大きなプラスのパワーがあります。あきらめなければ、いずれ風向きは変わるのです。

72
途中で、方向転換することを恐れない

時勢に応じて、
自分を変革しろ。
――坂本龍馬　志士

「継続は力なり」ということわざにもある通り、ひとつの物事を長く続けるとそれが大きなパワーとなり、思いをカタチにできることがあります。

しかし中には、行動している途中で、「コツコツと努力してきたけど、自分には向いていない気がする」「一生懸命頑張ってはいるけど、正直なところあまり楽しくない」というモヤモヤした気持ちを抱える人も少なくありません。

こういう場合は、これまでやってきたことをすべて投げ出す前に、冷静な気持ちになって、「一度、目標を見直したほうがいいかな？」と考えてみるといいでしょう。

実際、世の中には、目標の変更を途中でしたことによって、思いをカタチにできた人もいるのです。

秀美さん（仮名・27歳）は、「料理教室を開きたい」という思いを持っていたため、調理師の免許を取り、知人の料理教室の運営をお手伝いしていました。

最初の数年は「料理が大好き」という情熱で続けることができましたが、だんだんと「教えることに向いていない」「思い描いていた世界とは違う」と感じ始めました。

それでも、「料理に関する仕事をしたい」という思いを捨てきれずにいた彼女は、マーケティングを専門学校で学び、その知識を料理の世界で活かそうとしました。

実は、秀美さんは知人の料理教室のチラシをつくったり、師匠である料理研究家のホームページを利用して講座にお客さんを集めたりする能力に長《た》けていたのです。

その結果、彼女の方向転換は大成功しました。今では、数々の料理教室を繁盛させる敏腕マネージャーとして活躍しているそうです。

人はよく、「一度始めたことはそう簡単にはやめられない」と思いがちです。

しかし、**ある程度行動してみて違和感を抱いたら、「途中で行動を変える」ことも選択肢のひとつとしてあっていい**と思います。

方向転換することで、新しい道が開けることもあるからです。

73 憧れの人の行動パターンを真似てみる

物事の基礎を学ぶ上で、
他人の真似をすることは、
むしろ好ましいことである。
――ナポレオン・ヒル　著述家

「思いをカタチにしたいけど、行動するキッカケがつかめない」と悩んでいる人は、**憧れの人を見つけて、その人のやり方を真似してみること**をおすすめします。

「誰かの真似をする」というと、ネガティブな印象を持つかもしれません。

しかし、日本には「守破離」という思想があります。この思想は、茶道や武道の世界での師弟関係のひとつの形として、昔から受け継がれてきました。

最初に出てくる「守」は、とにかく疑問を持たずに師匠の教えをそのまま真似する、という意味です。

そうして師匠のやり方が身についたら、次に「破」で自分自身のスタイルを探していきます。最後に「離」で師匠の教えから離れて、自分のスタイルを磨き上げて、確立するということです。

つまり、**「真似をする」というのは、この3段階のうちの「守」に当てはまる**のです。

ですから、初めの頃は、憧れの人を真似るのは決して悪いことではありません。

ただ、人を真似るときには、押さえておいてほしいポイントがいくつかあります。

まずは、真似をする対象は「憧れの人」であると同時に「人間として尊敬できる人」「成功している実績がある人」を選んでください。

これは当たり前のことかもしれませんが、意外とできていない人が多いのです。

たとえば、表面的には成功していますが、裏ではずるがしこい行為をしている人を、何も考えず「あの人はすごい」と真似ている場合があります。

できれば、真っ当に努力をして、成功している人の行動パターンを真似てください。

見極めるのは難しいかもしれませんが、ヒントは、その人の仲の良い人たちにあります。「類は友を呼ぶ」ので、周りにいる人に違和感を感じるなら、真似をする対象にしないほうが賢明です。

尊敬できる人を見つけて、真似をするうちに、自分にプラスの変化が訪れます。

74 「進歩したこと」に注目する

すべての物事には、
それにつぎ込んだ努力に
ほぼ等しい成果があるものだ。
——アール・ナイチンゲール　作家

どんな人でも、行動を起こすからには、「1日でも早く思いをカタチにしたい」と願うものです。

しかし、現実は、計画した通りに行動できなかったり、途中で中断しなければならない事情が出てきたりして、思いを実現するまでに時間がかかることがあります。

このように、「失敗しているわけではないけど、なかなか成果がでない」という状況が長く続くと、次第に行動するのが空しくなってしまいます。

実は、行動している人が挫折してしまう原因のひとつに、「頑張っているのに、進歩していない」と感じることがあります。

「長い間、努力しても願いがかなわないから、もうやる気が出ない」と絶望する前に、ぜひやってほしいことがあります。

それは、**これまで自分が行動してきた過程と、出してきた成果の内容を書き出す**ということです。

来年結婚予定の弥生さん（仮名・29歳）は、「行政書士の資格を取りたい」という思いを持っていて、派遣社員で働くかたわら、勉強に励んでいました。

しかし、毎日の仕事と結婚式の準備で、思うように勉強が進みませんでした。

「この調子だと、今年は試験を受けられない」と焦《あせ》った弥生さんは、勉強した内容と「どこまで内容を理解できたか」ということを手帳に記録するようにしました。

「火曜日は、５ページ参考書を読んで、３ページ問題集を解いた」

「今日は、遺言や相続関係の法律についてがだいぶ理解できた」

こんなふうに、コツコツと書き続けていくうちに、「忙しい割には勉強が進んでいる」「もっと頑張れそう」とプラスの感情が湧いてきたそうです。このように、成果を目に見える形に残しておけば、「できていないこと」より「進歩していること」に注目できるので、達成感が得られやすくなり、やる気もさらに出てきます。

第8章

ストレスのない人間関係を築く

75 「宇宙銀行」に徳を積む

あらゆる人は同等である。
それを異なるものにするのは
生まれではなくて、徳にあるのみ。
——ヴォルテール　思想家

「情けは人のためならず」という有名な格言があります。

この格言の意味を、「情けをかけるのは、その人のためにならないから、良くないことだ」と解釈する人が多いようですが、それは誤解です。

本当は、「他人に情けをかければ、その人のためになるばかりではなく、やがては巡り巡って自分の元へ返ってくる」という意味です。

では、なぜ他人に情けをかけると、自分にとってプラスになるのでしょうか。

私の持論ですが、この現象は、目には見えない「宇宙銀行」の存在が大きく関係していると考えています。

私たちは、お金を預けたり、預けたお金を引き出したりするために、銀行をよく利用します。

しかし、この世界には、お金のような目に見える大切なものを預ける銀行の他にも、もうひとつ、宇宙銀行が存在するのです。

宇宙銀行には、ふたつの特徴があります。

ひとつは、**積み立てるのが、「徳」ということ**です。これは、人に親切をしたり、助けたりしたときなど、人の役に立つことで貯まっていきます。

もうひとつは、**満期になると積み立てた徳の量に応じて、「いいこと」が起こるということ**です。しかも、場合によっては、自分が行った徳の量以上に大きな利息がついて、返ってきます。

つまり、**カタチにしたい思いがあるのならば、他人を喜ばせることを考えて、それを実行すればいい**のです。

そうすれば、間違いなく周りの人から好かれるので、人間関係が良くなり、成功のチャンスも生まれます。

その上、宇宙銀行に徳を積み立てることができるので、思いをカタチにできる可能性もグンと高まるのです。

76 できる範囲で、人に親切をする

人がいるところには必ず、
親切を施す機会がある。
——セネカ　政治家

前項で「宇宙銀行」の仕組みを説明しましたが、中には、「人の役に立ちたいけど、何をしたらいいのかわからない」「私に人を喜ばせることなんて、できる気がしない」と悩む人がいます。

そういう人は、**自分ができる範囲で人に親切にすること**を心がけてみてください。

たとえば、すぐできる親切には、このようなものがあります。

「電車の中でお年寄りや子ども連れのお母さんを見かけたら、席を譲ってあげる」

「街を歩いていて、誰かが物を落としたら教えてあげる」

「職場で誰かが忙しそうにしていたら、『私でよければ手伝います』と声をかける」

「風邪をひいている友人がいたら、労ってあげる」

あくまでも一例ですが、身近でできることはいろいろとあるはずです。

「こんな簡単なことでいいの？」と思った人もいるかもしれません。

しかし、実際にやってみようとするとわかりますが、**親切というのは、意識していないとなかなか実行に移せないもの**です。

「電車で席を譲ろう」と思っていたとしても、意識していないと、お年寄りや子ども連れのお母さんを見逃してしまいます。

「忙しい人がいたら、手伝おう」というのだって、心からそう思っていないと、目の前で同僚がたくさんの仕事を抱えていても気づかないものです。

ですから、まずは「１日に１度でも、人に親切をしてみよう」と気楽に考えてみてください。

そうすると、人から「ありがとう」と感謝されることが増えて、少しずつ人間関係が良くなります。

「思いをカタチにすることとは直接関係ないのでは……」と感じるかもしれませんが、長い目で見たときに必ずプラスになる行為です。

77 頼まれたことはなるべく引き受ける

心と心のつながりほど、
人と人との間をやさしく結ぶものはありません。
――土家由岐雄　児童文学作家

周りの人といい人間関係を築くための簡単な方法があります。

それは、**誰かに何かをお願いされたら、なるべく引き受けてあげる**ということです。

「明日までに仕上げなければいけない仕事があるので、手伝ってもらえますか？」

「金曜日に新入社員の歓迎会をすることになったから、どこかいいお店を探して予約しておいてくれませんか？」

こんなふうに仕事関係で何かをお願いされることは日常茶飯事ですが、プライベートでも友人や知人から頼まれ事をされるのは珍しくありません。

「結婚式をすることになったのですが、スピーチをお願いできませんか？」

「このたびセミナーを開くことになりましたが、実はまだあまり人が集まっていないんです。役に立つ内容だと思うので、よろしければ出席してもらえませんか？」

このようなお誘いも、頼まれ事のひとつです。

美香さん（仮名・25歳）は、周りの人から何かを頼まれると、「私でかまわなければ、やりますよ」と引き受け続けていました。

「頼まれ事を引き受けてあげると、確実にその人は喜んでくれます。あと、意外と自分にとってもメリットがあるんです」と美香さんはいいます。

そんな彼女が「音楽関係の会社に就職したい」思いをカタチにできたのは、知人のアマチュア歌手の女性から、「仲間と一緒にコンサートをするんだけど、ぜひ来ませんか？　お友達の分もチケットが用意できます」と誘われたことがキッカケでした。

気を利かせた美香さんは、「必ず行きます」と返事をしただけでなく、お友達や会社の同僚などにも声をかけて、少しでもチケットが売れるように協力したのです。

その話を聞いた知人は感激して、美香さんを音楽事務所の社長に紹介しました。すると、この事務所の社長は「うちの会社で働いてみませんか？」と美香さんをスカウトしたそうです。

人の頼まれごとを聞いてあげて、思いを「カタチ」にした典型的な例だと思います。

78 相手の話をしっかり聞いてあげる

私は話を聞くのが好きである。
注意深く聞くことで、多くを学んだ。
——ヘミングウェイ　小説家

西洋のことわざに、**「賢者は長い耳と短い舌を持つ」**というものがあります。

賢い人は、ふたつの耳で他人の話をよく聞いて、自分からは余計なことを口にしない、という意味です。

つまり、**いい人間関係を築くには、「話し上手」よりも「聞き上手」を目指したほうがいい**ということです。

人は誰でも、「自分の話を聞いてもらいたい」という欲求を持っています。

その事実をふまえると、「話を聞いてほしい人を見つけたら、しっかりと聞いてあげる」というのは、前述の宇宙銀行に徳を積むことにつながります。

カウンセラーとして会社の人事部に勤めている文恵さん（仮名・27歳）は、職業柄、人の話を聞くのが得意です。

彼女はクライアントの話を聞くとき、次の点に注意をしていると説明してくれました。

「初めに、にこやかな表情で天気やニュースの話をして、穏やかな雰囲気をつくります。そして、相手が話し始めたら、『うんうん』『そうなんですね』と相づちを打ちながら、ときどき質問を投げかけます。最も大切なのは、相手が何かを聞いてこない限り、こちらからは意見やアドバイスをいわないことです。それだけでクライアントさんの満足度が違ってきます」

そして、文恵さんが、「カウンセラーとして起業したい」という思いを持っていたところ、クライアントのひとりが「低価格で借りることのできるレンタルオフィスを知っているよ」と紹介をしてくれ、それがキッカケで起業できることになったそうです。

相手の話を聞くというのは意外と難しく、文恵さんのようなプロのカウンセラーのように上手にはできないかもしれません。

それでも、多少なりとも話を聞く時間をつくってあげたり、いつもよりも真剣に耳を傾けてあげたりするだけでも、相手はきっと喜んでくれることでしょう。

79 いつでも相手の味方でいてあげる

友人の果たすべき役割は、
その人が間違っているときに味方をすること。
――マーク・トウェイン　小説家

言葉には力があることはすでに述べた通りですが、**特にパワーを発揮するのは、心がマイナスの状態になっている人にプラスの言葉をかけてあげる場合です。**

とくに、日頃力になってくれる人や、過去にお世話になった人がつらい状況のときには、「いつでも味方でいるよ」という気持ちを言葉と態度で示してあげましょう。

完璧な人間などいませんから、誰でも失敗することもあれば、うっかりトラブルを起こしてしまうこともあります。

そんなときに救いとなるのが、自分以外の誰かからの励ましの言葉なのです。

「あなたはこれまで頑張ってきたんだから、きっと大丈夫よ」

「今は大変だと思いますが、元気を出してください」

こんなふうに、相手を肯定してあげましょう。

英語で、**「まさかのときの友こそ真の友」**ということわざがあります。

これは窮地に陥ったときに助けてくれる友こそ本当の友人であるという意味です。

もちろん、これは日本でも同じです。人は、つらいときに自分の味方でいてくれた相手のことを、忘れないものです。

自分の心がマイナスになっているときに、誰かからプラスの言葉でエネルギーを分けてもらった経験がある人は、そのエネルギーを今度は誰かに分けてあげてください。

もしかすると、相手がひどく落ち込んでいるときは、優しく励ましの言葉をかけても、「放っておいて」「あなたにはわからない」というような言葉が返ってくるかもしれません。そんなときも、「せっかく励ましているのに」などと思ってはいけません。

普段は優しい人でも、一時的に気が動転して、ひどいことをいってしまうことがあるからです。

人にしてあげたことは、いずれ自分に返ってきます。**いつも弱い人の味方でいることを心がけましょう。**

80 人の幸せを一緒に喜ぶ

他人の幸せを豊かな気持ちで祝福しなさい。
それは同時に、あなたが自分を祝福していることを意味しています。
――ジョセフ・マーフィー　著述家

「他人の不幸は蜜の味」という言葉があります。

他人の幸せはたいして面白くないが、他人の不幸は蜜のように甘く楽しいもの、という意味です。

確かに、私たちは自分より運のいい人や人生がうまくいっている人を見ると、「あの人ばかり、ずるい」「たいした人でもないのに」などと思ってしまいがちです。

しかし、その嫉妬《しっと》心を相手にそのままぶつけてしまうと、その後の関係が悪化してしまうことがあります。

アパレルショップで働いている君子さん（仮名・29歳）は、「結婚して幸せになりたい」という思いを持っています。

彼女は美人で背が高く、どんな洋服でも着こなすことができるので、周りの人からも「モテるでしょう」といわれていました。

しかし、女性ばかりの職場ということもあり、君子さんはもう何年も恋人がいませんでした。出会いを求めて、結婚している女友だちに「いい人がいたら紹介して」とお願いしても、誰も紹介してくれないのです。

なぜなら、君子さんは、周りの人が結婚するたびに嫉妬して、「あの子、かわいくないのによく結婚できたよね」「あんな人と結婚するなら独身のほうがまし」というような悪口をいっていたため、周囲の人に距離を置かれてしまったのです。

もし君子さんが、誰かが結婚するたびに、「本当に良かったね」と祝福することができる女性なら、君子さんに男性を紹介してくれる友人はちゃんといたと思います。

嫉妬は心にマイナスのエネルギーを生み、祝福は心にプラスのエネルギーを生みます。

思いをカタチにできる人は、他人の不幸を悲しみ、他人の幸せを喜べる人です。

思いをカタチにしたいのなら、うまくいっている人を祝福することが大切なのです。

81 相手のしてほしいことを察する

親切という名のおせっかい。
そっとしておくおもいやり。
——相田みつを　詩人・書家

人は、自分中心に物事を考えてしまいがちです。

しかし、自分の思いをカタチにしたいなら、相手の立場になって物事を考えることが大切になってきます。

これを「代理想像」といいます。

自分の望む思いをカタチにできている人の多くは、自分のやりたいことを貫きつつも、他人と接するときはその人の身になって物事を考えているものです。

こういう人は、「相手は、今、自分に何を望んでいるのだろう？」「この人はどんなことをしてもらうと嬉しいのかな？」という意識を持って人づき合いをしているので、絶妙なタイミングで相手の役に立つことができるのです。

悪さのせいにしているだけです。

確かに、境遇や条件には個人差があるので、自分より恵まれている人をうらやんでしまう気持ちはわからなくはありません。

しかし、**視点を変えれば、自分にだって恵まれている点があることに気づくはず**です。

たとえば、お金が十分になかったとしても、一般的な日本人であるなら日々、衣食住には困っていないはずです。本を読めるだけの教育を受けてきたことも、字が読める視力があることも、決して当たり前の境遇や条件ではありません。

今、自分の好きなように夢を描ける状態にあるだけでも、贅沢で幸せなことではないでしょうか。

足りないものを嘆いても、そこからは何も生まれません。今持っているもので、何ができるかを考え、行動を始めるのです。

「今の自分はすでに十分なものを持っている」ことを知りましょう。

そうすれば、心の中にプラスの感情が増えて、かなえたい願いに1歩近づくことができるのです。

86 年齢にとらわれない

創り出すことと、
年齢なんて関係ないよ。
――岡本太郎　芸術家

アメリカの格言に、「あなたの年齢は、あなたが感じている年齢である」というものがあります。

実際の年齢が40歳だとしても、自分が25歳だと感じているなら、その人の精神年齢は25歳である、という意味です。

つまり、**何歳になっても自分らしく、ハッピーに生きることは可能**なのです。

思いをカタチにするときも、年齢にとらわれないことが大切です。

「○歳だから……」と年齢を言い訳にしていると、幸運を逃してしまいます。

日本の社会は、若い女性を賛美する人が多いように思います。

しかし、友人に「もう○歳だから、難しいんじゃない？」といったマイナスの言葉をかけられたとしても、「年齢的にもう無理だ」とすぐに結論を出してはいけません。

なぜなら、**人それぞれ、思いをカタチにできる年齢は違うもの**だからです。

たとえば近年は、結婚や出産を経てから、社会で活躍する女性が増えています。

彼女たちは、ほとんど30歳を過ぎていますが、若い人以上に魅力的です。

それは、自分の年齢をプラスに考えているからこそ、願望を実現できているのです。

「自分は20代の人よりフレッシュさがないからダメだ」と思う人と、「30才を過ぎてからのほうが人の気持ちがわかるようになって、魅力的な自分になれた」と思う人とでは、心の状態は大きく変わってきます。

年を重ねてからのほうが物事がプラスに働くことは、実はたくさんあります。

詩人の相田みつを氏が有名になったのは、60才を過ぎてからのことです。彼のそれまでの苦労は彼つくり出す詩に深みを与えました。

「もう年だから」といって、詩を書くことをあきらめなかったことが、彼の勝因なのです。

このように、年齢をプラスにとらえられれば、若々しい心を持ち続けることは簡単にできるのです。

88 自分の個性を分析する

成功とは自分の個性を、最大限に発揮することです。

——オグ・マンディーノ　作家

自分の個性や強みをしっかりと理解している人は、意外と少ないものです。

人がどんな夢や目標を持つかは自由です。それならば好きなように、心がワクワクすることを基準に決めてしまえばいいのです。

しかし、自分の個性を理解していないと、「かなえたい思い」という理想と「自分の能力」という現実にギャップができて、なかなか成果が出せないことも考えられます。

「適材適所」という言葉があります。

人は、自分に合った場所で活躍することで本来の能力を発揮して成功する、という意味ですが、これは思いをカタチにするときも当てはまります。

をかけられたとしても、「年齢的にもう無理だ」とすぐに結論を出してはいけません。なぜなら、**人それぞれ、思いをカタチにできる年齢は違うもの**だからです。

たとえば近年は、結婚や出産を経てから、社会で活躍する女性が増えています。彼女たちは、ほとんど30歳を過ぎていますが、若い人以上に魅力的です。

それは、自分の年齢をプラスに考えているからこそ、願望を実現できているのです。「自分は20代の人よりフレッシュさがないからダメだ」と思う人と、「30才を過ぎてからのほうが人の気持ちがわかるようになって、魅力的な自分になれた」と思う人とでは、心の状態は大きく変わってきます。

年を重ねてからのほうが物事がプラスに働くことは、実はたくさんあります。

詩人の相田みつを氏が有名になったのは、60才を過ぎてからのことです。彼のそれまでの苦労は彼つくり出す詩に深みを与えました。

「もう年だから」といって、詩を書くことをあきらめなかったことが、彼の勝因なのです。

このように、年齢をプラスにとらえられれば、若々しい心を持ち続けることは簡単にできるのです。

87 自分の持っている能力を最大限活用する

自分の得意に、邁進しろ！

——青島幸男　作家

神様はすべての人に、ひとつずつ、人に誇れるような「何か」をプレゼントして、この世に送り出したといわれています。

その「何か」が、思いをカタチにするために役に立つことがよくあります。

それは、難しい資格を持っているとか、学歴や家柄がいいとか、そういうことではありません。

「料理が好き」「パソコンが得意」「優しい性格で一緒にいる人をホッとさせる」といったようなことで、いいのです。


ある女性は、料理が好きで、ホームパーティをよく開いていました。

彼女の夢はいつか沖縄に移住することだったのですが、あるときホームパーティに沖縄出身の人が参加し、その人と意気投合し、翌年にはその人の紹介で夢をかなえてしまいました。

彼女の勝因は、自分が好きな料理で人に喜んでもらおうとする積極的な行動にありました。

自分の好きなことをすれば、楽しくなり心にはプラスの感情が増えます。

さらに、人に喜んでもらえると、それが嬉しくて、どんどん心にプラスの感情が増えていきます。

つまり、**好きなことで人の役に立とうとするのは、いいこと尽くめ**なのです。

このように、自分の得意な「何か」と、自分のかなえたい夢が直接つながっていない場合でも、**得意な「何か」を人に喜ばれるために行っていると、いつの間にか夢につながる場合がよくあります。**

ですから、自分の好きなこと、得意なこと、人に「すごい」といわれることがあれば、どうしたらそれを自分や周りの人のために役立てられるかを考えてみるといいでしょう。

88 自分の個性を分析する

成功とは自分の個性を、最大限に発揮することです。

――オグ・マンディーノ　作家

自分の個性や強みをしっかりと理解している人は、意外と少ないものです。

人がどんな夢や目標を持つかは自由です。それならば好きなように、心がワクワクすることを基準に決めてしまえばいいのです。

しかし、自分の個性を理解していないと、「かなえたい思い」という理想と「自分の能力」という現実にギャップができて、なかなか成果が出せないことも考えられます。

「適材適所」という言葉があります。

人は、自分に合った場所で活躍することで本来の能力を発揮して成功する、という意味ですが、これは思いをカタチにするときも当てはまります。

成美さん（仮名・27歳）は、大学を卒業してから保育士として、さまざまな施設で働いてきました。

彼女には、「将来、仲間と理想の保育園をつくりたい」という大きな夢があったのですが、心の底から「自分が保育士に向いている」とは思えなかったそうです。

「もしかして、自分の目指す方向は間違っているかもしれない」と感じた成美さんは、勇気を出してキャリアカウンセラーに相談してみました。

すると、彼女の本来の個性が、保育士の仕事よりも、人とコミュニケーションを取る種類の仕事のほうに向いている、という結論に達したのです。

それを知った彼女は、自分の思いにキッパリと見切りをつけ、自分の個性に合った新しい夢を探すことにしました。彼女は現在、心理カウンセラーとして成功しています。

「夢をあきらめる」というと聞こえは悪いですが、成美さんにとっては賢明な判断だったと思います。

「思いをカタチにしたい」と頑張っても、自分の個性とかけ離れていたら、うまくいきません。自分の個性について、じっくり考える時間をつくるとよいでしょう。

89 必要なときは、人を頼る

自分以外の人間に頼むことができて、
しかも彼らのほうがうまくやってくれるとしたら、
自分でやる必要はない。

――松下幸之助　実業家

思いをカタチにする途中で、人の力を借りたい場面が出てくるときもあります。

そういうときに、素直に「力を貸してください」と頼める人は、周りの人から協力してもらうことができ、成功するスピードが早まります。

「周りに迷惑がかかるから、自分の力だけで何とかしよう」「自分の能力の限界まで頑張ってみよう」という気持ちはもちろん大切です。

最初から、誰かに助けてもらうことを前提で何かをするようでは、周りの人から、「本気で願いをかなえようとしていないんだな」という目で見られるからです。

しかし、自分でできる限りの努力をしながらも、一方で、「この部分は自分の苦手分野だ」「自分がやると時間がかかり過ぎる」という弱い点を自覚しておくことも忘れてはいけません。

実は、**世の中で成功している人ほど、「自分ひとりの力だけでは、何も成し遂げられない」ということを理解しています。**

会社の社長がいい例です。会社は、社長がひとりいるだけでは成り立ちません。ですから、社員やパートを雇って、自分や自分の会社の思いを実現するために働いてもらうのです。

社員やパートの人は、社長に頼まれた仕事を「わかりました」と引き受けることで、お給料をもらえるのです。

こうしてお互いに助け合いながら前進していくので、決してひとりではできない、大きなことが成し遂げられるのです。

もちろん、自分の利益のためだけに人を利用するのはよくありません。しかし、人を利用することと、頼ることは、似ているようでまったく違うのです。

そのことを踏まえながら、「あなたの力を貸してください」と正直に言う勇気を持ちましょう。「いいですよ」と助けてくれる人は、意外といるものです。

90 成功することに執着し過ぎない

結果にこだわりすぎると安全な道を選び、進歩は止まってしまう。

――藤沢秀行　囲碁棋士

仏教の始祖ブッダ（釈迦）は、人生というのは苦しみの連続だと説いています。

さらに、ブッダは、この苦しみの原因は「執着」にあるので、執着をなくせば、苦しみはなくなるとも説いています。

この考えは、思いをカタチにすることに関しても同じことがいえます。

「何が何でも成功したい」「絶対にチャンスをつかんで、夢をかなえてみせる」というように考えるのは悪いことではありません。

しかし、**度を超した欲は執着となり、心にマイナスのエネルギーを増やして、逆に思いをカタチにすることを遠ざけてしまいます。**

レストランでアルバイトをしていた美佐子さん（仮名・31歳）は、学生時代から

「カフェをやりたい」という思いを持っていました。

その思いは固く、異業種交流会へ出かけては、実力のありそうな人をつかまえて「私、カフェを開きたいんです。安く借りられるいい物件を知りませんか？」というような質問をしてきました。しかし、思いは空回りするばかりで、なかなかいい物件に出合えず、お金も貯まりませんでした。

そこで、あるとき、「焦《あせ》らず、時期を待とう。今後のことは神様に預けよう」と気持ちを切り替えて、昔よくやっていたお気に入りのカフェ巡りを始めたのです。

そんなとき、一番お気に入りのカフェがアルバイトを募集したので、思い切って転職しました。すると、その翌年に、オーナーから「私は実家に帰るから、この店を継いでもらえない？」と相談され、念願の自分の店を持つことができたのです。

美佐子さんは「すぐにカフェを開きたい」という執着を捨て、毎日の仕事をゆったりと楽しむことで、心にプラスのエネルギーが増えたため、思いをカタチにできたのです。

ベストを尽くし、その後に神様にゆだねてしまうことも、成功の秘訣なのです。

91 思いをカタチにできたら、恩返しをする

施して報いを願はず、
受けて恩を忘れず。
――中根東里　儒学者

私たちは、自分の思いがカタチにできたら、つい「誰かに祝ってもらいたい」「周りの人に『よくやったね』とほめてほしい」と考えてしまうものです。

でも、そう考えるより、発想を転換して、自分を応援してくれた人たちに恩返しをすることに目を向けるといいでしょう。

西洋のことわざに、**「汝に陰を与えた木は切るな」**というものがあります。

昔、ある木こりが、一本の大きな木を斧で切り倒そうとしたところ、通りがかった別の木こりにこういわれました。

「あなたは暑い日になると、いつもこの木の木陰で涼んでいる。そのお陰で快適な思いをしているのに、その木を切り倒すなんて恩知らずだ」

この逸話が元となり、**「どんなにささいなことでも、受けた恩を忘れてはならない」**ということを教えているのです。

「恩返しといっても具体的に何をすればいいのか、わからない」と悩む人もいると思いますので、いくつか例を紹介しましょう。

簡単にできるのは、「お礼を兼ねて、食事をごちそうしたい」とお誘いすることです。食べ物はプレゼントなどの物品とは違い、消えてなくなるものなので、相手も気楽な気持ちでその恩を受け取れるのが利点です。

加えて、相手に確実に喜ばれるのは自分の人脈の中から人を紹介することです。

たとえば、自分を応援してくれた人が「新しい仕事をするために、仲間を探している」という話を聞いたら、「お世話になったお礼に、人を紹介したいのですが……」と申し出てみましょう。きっと相手は感謝する気持ちになると思います。

このように、自分が幸せになっても独り占めせずに、幸せを分けられる人は、より魅力的な人間になることができるのです。

92 他人の評価をいちいち気にしない

他人の評価もさることながら、
まず自分で自分を評価するということである。
——松下幸之助　実業家

雅美さん（仮名・28歳）は、「翻訳の仕事をしたい」という長年の願いをかなえることができました。仕事で使う英文の書類の翻訳するというチャンスに恵まれたのです。

彼女は大学を卒業してから外資系の製薬会社に勤めていました。

得意の英語を活かして会社に貢献するかたわら、翻訳のスキルをコツコツと磨いてきたのです。

最初の頃は、職場の周りの人からの評価がイマイチでした。

彼女は、翻訳の勉強のために仕事を早く終えるようにしていたので、飲み会や会社のイベントに積極的に参加するほうではありませんでした。

そのため、同僚の中には「人づき合いの悪い人」「仕事熱心ではない人」と、雅美さんのことを悪くいう人がいました。

しかし、その後、社内で雅美さんが翻訳のスキルを活かし、英文の書類を訳すという業務をこなすようになったときから、評価が変わりました。

「仕事とプライベートをきちんと分けているバランスのいい人」「自分のスキルを惜しみなく会社のために使える仕事熱心な人」といわれるようになったのです。

この話からもわかるように、**人の評価というものはまちまち**です。

ですから、**思いをカタチにしたいときは、人の評価に振り回されないようにすることが大切**です。

「人から自分がどう思われているか、とても気になる」という人は多いですが、他人の目を気にし過ぎると、本当に自分のやりたいことに力を注げなくなります。

むしろ、「無理してよく思われなくてもいい」と割り切ったほうが、伸び伸びとやりたいことができて、周りの人からも魅力的な人間に映るのです。

93 思いをカタチにできたときこそ、謙虚になる

どこまでも自尊心を謙虚に保って、
箟の水のようにしたたりを溜めて行け。
――中野重治　詩人

「ステキな恋人ができてからというもの、同性の友だちに冷たくなった」

「仕事が成功し始めたら、周りの人をバカにする発言が多くなった」

このように、自分の思いをある程度カタチにできると、私たちは偉そうな態度を取ってしまいがちです。

しかし、思いをカタチにできたときこそ、謙虚でいることを心がけてほしいのです。

「実るほど頭《こうべ》を垂れる稲穂かな」ということわざがあります。

稲の実が熟するほど、穂が垂れ下がるように、人間も成功すればするほど謙虚になるほうがいい、という意味です。

人間というのは、物事が思い通りに進んで、順風満帆《じゅんぷうまんぱん》な状態が続くと、過去に経験

したつらいことや苦しいことを忘れてしまいます。

イヤなことを忘れるのは、精神的にはいいことです。しかし、**過去につらい経験があったからこそ、また、多くの人が協力してくれたからこそ、今の自分があることを忘れてはいけない**のです。

思いをカタチにできたときは、気持ちが昂ぶっているので、今の幸せが当たり前のように思えてきます。

そのため、人によっては、天狗になったり、調子に乗ってしまったりするのです。

ある有名な歌手の話をしましょう。

彼は、数々のヒット曲を世に送りだし、ものすごい額の印税収入を得ているそうですが、普段着はデビュー当時のままで過ごしていました。

あるときインタビューで、「あなたは大成功しているのに、なぜ高価でキレイな洋服を着ないのですか？」と聞かれたところ、「デビューしてしばらく売れなかった頃を忘れないためです」と答えたそうです。

初心を忘れない彼の魅力が、ファンの心を長年とりこにしているのです。

成功したときこそ、この歌手のように**初心を忘れないこと**が大切です。

94 人と違うことを恐れない

いちばん大切なのは、自分自身に打ち勝って、
自分の生きがいを貫くこと、これがいちばん美しい。
——岡本太郎　芸術家

組織の中でちょっと変わった発想をしていたり、周りの人と違う行動を取っていたりすると、「変わり者」というレッテルを貼られることがあります。

なぜかというと、人はひとりの変わった人物をやり玉にあげることで、「あの人と比べて、私は協調性があるから、この組織で上手にやっていける」「周りの人と同じ考えを持っているから、私は仲間外れにされないだろう」という心理が働くものだからです。

しかし、**思いをカタチにするためには、このような「みんなと同じだから、自分もこうしよう」という「右へならえ」の考えは捨ててしまったほうがいい**と思います。

たとえば、役者やタレントなどの芸能関連の仕事や、ミュージシャンなどの音楽関

係の仕事は、人気に左右されやすい不安定な職業です。

そのため、「この世界で仕事をしていきたい」と思っていても、「周りの人たちは地道に会社員をしたり、結婚して主婦になったりしているのに、将来の見えない自分は大丈夫だろうか？」という不安が伴うことがあります。

しかし、周囲がどうであれ、願望を実現したいのであれば**心の底から「何としてでもカタチにしたい」という気持ちがあるなら、その意志を貫き通してほしい**のです。

実は、**世の中で成功している人の中には、現在は「魅力的な人間」と評判なのに、頭角を現すまでは「変わり者」と呼ばれていた人も多いもの**です。

彼らは、「変な人だと思われたら、どうしよう」と気にすることなく、自分の意志を曲げずに、やりたいことを続けてきたから、魅力的な人間になったのです。

中には、自分がやりたいことを家族や恋人に反対されて、つらい思いをした末に思いをカタチにできた人もいます。

ですから、自分のかなえたい願いが、周りの人たちとかけ離れていたり、身近な人に理解されなかったりしても、人に迷惑をかけない限り、粘り強くやりたいことに精を出してほしいと思います。

95
今の自分に心から満足する

幸福は、
満足する人間に属す。
——アリストテレス　哲学者

思いをカタチにできた直後は、それまで自分の続けてきた努力や自分自身の頑張りに対して、心から満足することがとても大切です。

こんなことをいうと、「思いをカタチにできたのだから、満足するに決まっている」と思う人もいるでしょうが、案外そうならないこともあるのです。

自分のやりたいことをして成功したにもかかわらず、「思ったより、何も変わらないから満足しようがない」「もっと幸せな気持ちになるかと想像していたけど、案外そうでもなかった」などと感じる人も意外といます。

こういう人は、「思いをカタチにできても、まだまだ満足してはいけない」という向上心を持っているのだと思います。

成功してもなお向上心があるのは素晴らしいことです。

しかし、望むものを得ることができたのに、「嬉しい」「やった！」と満足する心を持てないと、本当の意味で幸せな人生を歩むことはできません。

古代中国の思想家である老子の言葉に、**「足るを知る者は富めり」**というものがあります。この言葉の「足るを知る」とは、「今の生活、立場、人間関係など、自分の周りを取り巻くものに満足する」という意味です。

どんなときでも、このような満足感を持って生きている人こそが、「精神的な意味で幸せな人」と老子は述べているのです。

「これまで自分がやってきたことは間違っていなかった」「途中で何度もやめようと思ったけど、ここまで頑張れて良かった」と自分自身を誇りに思いましょう。

自分を誇りに思えば、自然と今の状況に満足することができます。

そして不思議なことに、**今の自分に心から満足すると、さらに「いいこと」が起きてきます。**

真に充実した人生を送るためには、決して自分に対する誇りと満足を忘れないようにしましょう。

■著者プロフィール

植西 聰（うえにし・あきら）
心理カウンセラー

東京都出身。著述家。

学習院大学卒業後、資生堂に勤務。

独立後、「心理学」「東洋思想」「ニューソート哲学」などに基づいた人生論の研究に従事。

1986年（昭和61年）、20年間の研究成果を体系化した『成心学』理論を確立し、人々を明るく元気づける著述活動を開始。

1995年（平成7年）、「産業カウンセラー」（労働大臣認定）を取得。

〈近著〉
心が揺れないクセづけ（海竜社）
気持ちを整理すると「いいこと」がいっぱい起こる！（三笠書房・王様文庫）
穏やかに生きるヒント（マイナビ）
もう悩まないヒケツ（東京書籍）
逆境力のコツ（自由国民社）

思いは「カタチ」にできる。

2015年11月10日　第一刷発行

著　者　植西 聰
発行者　出口 汪
発行所　株式会社 水王舎
〒160-0023
東京都新宿区西新宿6-15-1 ラ・トゥール新宿511
電話　03-5909-8920

本文印刷　信毎書籍印刷
カバー印刷　歩プロセス
製本　ナショナル製本
装丁　渡辺弘之
校正　斎藤 章
組版　アーティザンカンパニー
編集担当　田中孝行　大木誓子

落丁、乱丁本はお取り替えいたします。

ISBN978-4-86470-032-0 C0095

好評発売中！

なぜ賢いお金持ちに「デブ」はいないのか？

田口智隆・著

やっぱり「デブ」じゃダメなんだ！

自己管理だけで「お金」の出入りはここまで変わる!!

「スマートに成功したい！」
そんなあなたに贈る、不摂生で貧乏、そしてデブだった著者からの、あまりにリアルなアドバイスの数々。
読むだけで、たるんだお腹が凹むだけでなく、お金持ちになるヒントがつかめる一冊。

定価（本体 1300 円＋税）ISBN978-4-86470-027-6

好評発売中！

「学び」を「お金」にかえる勉強

―稼げるようになる53の具体例―

中谷彰宏・著

小手先をマネしても、稼げない！

一見、儲からない仕事の面白さに気づこう。

この本は次の三人のために書かれました。

1. 勉強しているのに、お金が入ってこない人。
2. 稼いでいる人が、どういう勉強の工夫をしているか、知りたい人。
3. 大切な人を、稼げるようにしてあげたい人。

稼いでいる人は、どんな勉強をしているのか？
学校では教えてくれない本当の「学び」のヒントが詰まった一冊。

定価（本体 1300 円＋税）ISBN978-4-86470-029-0